未来をつくる
エネルギー環境教育の実践

山下宏文 編
エネルギー環境教育関西ワークショップ 著

国土社

　現在の社会や教育がめざすところの持続可能な社会の構築のためには、エネルギー問題を解決することが極めて重要なことは明らかである。我が国では、2011年の東日本大震災に伴う福島第一原子力発電所の事故により、これからのエネルギー選択をどうするかが大きく問われているとともに、地球温暖化防止に関わる温室効果ガス排出削減に向けた取組も喫緊の課題として立ち現れている。我が国では温室効果ガス排出の8割以上がエネルギー起源であるので、地球温暖化問題とエネルギー問題は一体の問題として捉える必要があるが、こうした問題の解決は、持続可能な社会の構築において必須の条件である。

　持続可能な社会という共通の未来像に向かって、国民一人一人が自覚し、力を合わせ、何としてもそこに到達しなければならない。しかも、この未来像は押しつけられたものではなく、自らの選択と合意に基づくものでなければならない。そのためには教育の役割が極めて重要であることは言うまでもないが、この教育はまさに未来をつくる教育に他ならないと言ってよい。

　2020年度から順次完全実施されている学習指導要領においても「変化の激しい社会に生きるために必要な資質・能力の育成」をめざし、「社会に開かれた教育課程」を理念として掲げている。このことは、学校教育がこれまで以上にもっと現実社会に目を向け、この現実社会の課題に対応できる資質・能力の育成を重視したということである。そして、この現実社会を直視したとき、大きな課題としてあるのが「持続可能な社会の構築」ということである。だから学習指導要領では、「現代的な諸課題に対応して求められる資質・能力」の一つに「自然環境や資源の有限性などの中で持続可能な社会をつくる力」を掲げたのだ。こうした学習指導要領が求める方向とエネルギー環境教育がめざす方向がぴったり一致していることに着目するとともに、これからの教育のあり方としてエネルギー環境教育の必要性と重要性がますます高まってきていることを確認しておきたい。

　エネルギー環境教育関西ワークショップでは、すでに2000年4月よりエネルギー環境教育の必要性と重要性を強く意識した小・中・高等学校の教員、大学や研究機関の研究者、さらには企業やNPO等の関係者が集まり、エネルギー環境教育の研究や実践、普及や啓発を行ってきており、これまでに2冊の書物を刊行してきた。1冊目は『持続可能な社会をめざすエネルギー環境教育の実践』（国土社，2009年）である。ここでは、エネルギー環境教育の理念や性格を明確化するとともに、小学校、中学校、高等学校のさまざま教科等における13の実践事例を提示した。2冊目は『持続可能な社会に必要な資質・能力を育むエネルギー環境教育』（国土社，2019年）である。ここでは、現行の教育課程とエネルギー環境教育の理念が一致していることを明らかにするとともに、各教科等におけるエネルギー環境教育のあり方を具体的に提示した。そのうえで、学校全体で取り組んだエネルギー環境教育の事例を小学校2校、中学校1校について詳細に報告している。

　また、関西ワークショップでは、毎年10月にシンポジウムを開催し、その成果をブッ

クレットという形でまとめている。2015年〜2019年までは、主に現行の教育課程におけるエネルギー環境教育のあり方や実践場面等を検討し、その後は、「エネルギーの安定供給の視点を授業でどのように扱うか」（2020年）、「GIGAスクールに対応したエネルギー環境教育のあり方」（2021年）、「地球温暖化問題とエネルギー問題の視点を授業でどのように扱うか」（2022年）と現在のエネルギー環境教育における課題について検討してきた。

　本書は、関西ワークショップが刊行する3冊目の書物になる。この10年間ほど関西ワークショップのメンバーとワークショップとの連携者が積み上げてきたエネルギー環境教育の実践事例を提示し、今後のエネルギー環境教育の普及・啓発に貢献したいとの思いからの出版である。10年間ほどの実践なので、前回の学習指導要領に基づく実践もあるが、その場合は、現在の学習指導要領のもとでも十分実践が有効なものに限定した。2冊目の前書でも実践事例は数多く提示しているのだが、前書では学校全体としてのエネルギー環境教育の取組を提示することが目的だったので、個々の実践の紹介は簡略とし、学校全体のエネルギー環境教育のカリキュラムがどのようになっているかを提示することを主としている。それに対して、本書では、各教科等における個別の実践として小学校13事例、中学校10事例、高等学校5事例の28事例について詳しく紹介し、他の教員にも再実践が可能となることを念頭に置いた。

　実践者はそれぞれ別個の学校の教員なので、学校全体を見通すひとつのエネルギー環境教育のカリキュラムに基づくというわけにはいかない。そこで、後述するエネルギー教育の四つの視点（①エネルギーの安定供給の確保、②地球温暖化問題とエネルギー問題、③多様なエネルギー源とその特徴、④省エネルギーに向けた取り組み）をもとにエネルギー環境教育全体における位置づけがはっきりするようにして実践を行っている。単元全体そのものがエネルギー環境教育となるもの、通常の単元に1から数時間を追加してそこをエネルギー環境教育とするもの、教科と総合的な学習の時間を組み合わせてエネルギー環境教育とするものなど、実践の形式はばらばらであるが、教育課程の様々な場面でエネルギー環境教育の実践が可能なことを示せたのではないかと思う。

　本書が各学校でエネルギー環境教育を実践するための参考となり、エネルギー環境教育の普及・啓発に多少なりとも寄与できれば、望外の喜びである。また、本書の内容に関して、様々な立場の方々からご意見、ご指導、ご批判等をいただければありがたいと思っている。

エネルギー環境教育関西ワークショップ代表　山　下　宏　文

◉目　　次◉

I

これからの
エネルギー環境教育のあり方

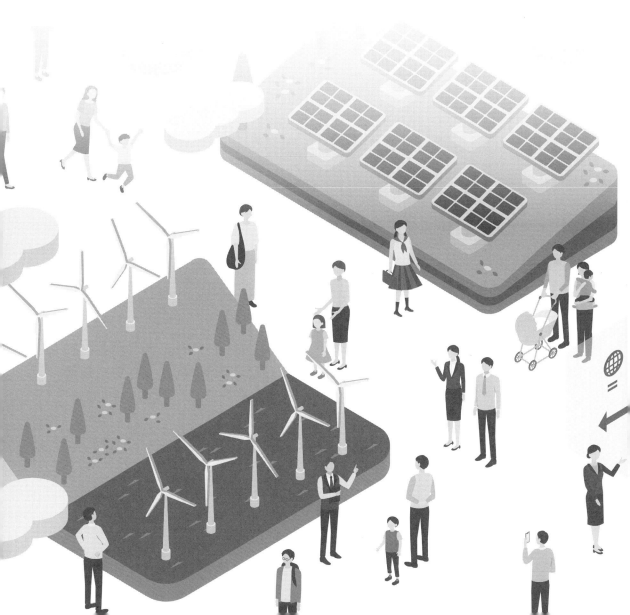

未来をつくるエネルギー環境教育の理念とあり方

山下宏文（京都教育大学）

エネルギー環境教育がめざすところは持続可能な社会の実現である。したがって、持続可能な社会という未来の創造である。持続可能な社会を可能とするエネルギー利用のあり方やそれにふさわしいエネルギー選択を考え、判断し、行動できるようにするための教育がエネルギー環境教育である。

このことは、エネルギー環境教育の目標を見ても明らかである。エネルギー環境教育の目標は、「持続可能な社会の構築をめざし、エネルギー・環境問題の解決に向け生涯を通じて主体的かつ適切に判断し行動できる人間を育成する」（エネルギー環境教育ガイドライン，新・エネルギー環境教育情報センター，2013）が定着しているが、ここでも持続可能な社会の実現が到達点となっていることに留意したい。したがって、エネルギー環境教育は持続可能な開発のための教育（ESD）の一環としての位置づけをもつことになる。しかも、極めて重要かつ中核的な位置づけになるはずである。

現在、持続可能な開発目標（SDGs）が社会全般で取り上げられるようになったが、この目標達成に向けた教育が現在のESDと言ってもよいかもしれない。SDGsのための教育（ESDGs）とESDを何か別物とする捉え方もあるようだが、それは間違っているとしか言いようがない。ESDとしてのエネルギー環境教育という捉え方が重要である。

1. エネルギー環境教育の三つの理念

筆者は、エネルギー環境教育においては、①未来へのまなざしをもった人間形成を強く意識すること②認識内容の構造化を図ること③探求型の学習を重視し子どもの主体性を発展させること、の三つの理念が必要であることを一貫して指摘してきた。[1]

①の「未来へのまなざしをもった人間形成」は目標設定に関わることである。持続可能な社会という明確な未来像を持ち、地域や国、世界で生じているエネルギー問題に対する理解を深め、問題の解決に向けてよく考え、判断し、行動・実践できる人間形成を図ることが求められているということである。

こうした未来へのまなざしをもち、行動・実践できる人間形成を図るためには、「認識」と「学ぶ力」と「態度」が一体となり総合されなければならないが、これは現行の教育課程において「知識・技能」「思考力・判断力・表現力等」「学びに向かう力・人間性

等」を三つの柱とする資質・能力の育成とまさに軌を一にしていることになる。

　②の「認識内容の構造化」は、内容の扱いに関することである。エネルギー環境教育が扱う内容は、学際的・総合的であり、広範囲で多岐にわたっている。それだけに適切な判断に至るためには、習得した様々な知識や形成した認識が学習者の中で構造化され、まさに「生きて働く」ものとなっている必要がある。そのためには、学習においてそれを可能とするような学習内容（概念）の構造化が求められるということになる。そこで、「教科横断的な視点」が重要になってくるということは言うまでもない。エネルギー環境教育の全体内容の構造が見えないところで、寄せ集め的な学習をいくら積み上げても効果はあまり期待できない。

　学習内容（概念）の構造化を図るためには、エネルギーを捉える視点を明確にし、それらの視点から学習内容（概念）を構造化することである。視点の設定としては、これまで「存在」（エネルギーの存在や性質に関すること）、「有用」（エネルギーの生活や社会における利用に関すること）、「有限」（エネルギー資源の有限性に関わること）、「有害」（エネルギーの利用に伴って生じる有害性に関すること）、「保全」（エネルギーの保全に関すること）の五つの視点に基づく学習内容（概念）の構造を提案した。

　また、最近では、経済産業省資源エネルギー庁のエネルギー教育事業におけるエネルギー教育の四つの視点が普及してきたので[2] [3]、その視点からの学習内容の構造化に取り組んでいる。この四つの視点とは、「エネルギーの安定供給の確保」、「地球温暖化問題とエネルギー問題」、「多様なエネルギー源とその特徴」、「省エネルギーに向けた取り組み」である。これらの視点から、小学校及び中学校の教科等における学習内容を整理してみたのが、15ページの表1と表2であるが、本書の実践事例もすべてこれらの視点を踏まえて行われたものである。

　③の「探求型の学習を重視し子どもの主体性を発展」は、方法に関わることである。これは現行の教育課程で求めている「主体的・対話的で深い学び」と言い換えて構わない。子どもが主体性をもって学習するためには、学習者の関心や問題意識が明確であることが必須である。この関心や問題意識は「あるもの」ではなく「喚起すべきもの」である。主体性は動機づけられるものあるいは学習によって拡大していくものであり、決して最初からあるわけではない。エネルギーの問題に対して関心や問題意識を喚起するためには、現在のエネルギー問題と学習者の密接な関わりを浮き彫りにし、自分自身の問題として意識することが必要である。そして、学習を通して、学習者の主体性はエネルギー問題の解決に向けての判断力や態度、行動力の形成に向かっていくことになる。

　また、子どもの主体性は、問題をつかむ、予想する、調べる、話し合う、考える、表現する、発展するといった一連の探求型学習を重視することによって発揮できる。「調べる」活動では、体験、観察、調査、実験等の具体的活動が特に重要である。こうした探求型学習を基本としつつ、発達段階にも応じて、体験型学習、参加型学習、問題解決型学習を組み込んでいくことが求めれる。さらに、こうした学習に関係機関との連携を組み込ん

でいくことも、子どもの主体性を高め、学習を深めるうえで有効である。

2. 教育課程におけるエネルギー環境教育の位置づけ

　現行の教育課程とエネルギー環境教育の関係については、前書の『持続可能な社会に必要な資質・能力を育むエネルギー環境教育』で詳しく見て、「エネルギー環境教育は、新教育課程の理念と多くの点で重なるとともに、その実現に向けて大きな貢献ができるものと考える」と結論づけた[4]。エネルギー環境教育を教育課程の中にしっかりと位置づけ、実践を定着・発展させるうえでとても大切なことなので、ここでもう一度、現行の教育課程とエネルギー環境教育との関係について、再確認しておきたい。

　前書でも同じものを提示したが、図1はエネルギー環境教育のあり方を教育課程に対応させて図式化したものである。エネルギー環境教育は、ESDの一環としての位置づけ、社会的課題への対応、教育的課題への対応という三つの側面から捉える必要がある。

　一つ目の側面は、エネルギー環境教育がESDの一環、しかも重要かつ中核的な位置づけをもつものとして位置づかなければならないということである。ESDに関しては、学習指導要領前文に「持続可能な社会の創り手となることができるようにすること」、総則では「持続可能な社会の創り手となることが期待される児童（生徒）」等の表記がなされ、教育課程全体を貫く理念となっていることからも、その位置づけは重要となるはずである。

　二つ目の側面として、エネルギー環境教育は、持続可能な社会をめざし、エネルギー問題や地球温暖化問題の解決に寄与するという社会的課題に対応しなければならない。これらの問題の解決は、SDGsの目標7「エネルギー」及び目標13「気候変動」に直接関わるだけでなく、他の目標にも多くの点で関わっている。学習指導要領前文に、「よりよい学校教育を通してよりよい社会を創るという理念を学校と社会とが共有し…（中略）…社会との連携及び協働によりその実現を図っていく」とあるように、エネルギー環境教育は、エネルギー問題や地球温暖化問題を解決し持続可能な社会を構築していくという課題を社会と共有し、しっかり貢献できるようにしなければらない。

　なお、図1では、エネルギー問題と地球温暖化問題を分けて表記したが、地球温暖化問題は、エネルギー問題と一体的に扱うことが必要と考えている。なぜなら、我が国では温室効果ガス排出の8割以上がエネルギー起源であり、エネルギー利用のあり方と地球温暖化問題が密接に結びついているからである。そのうえで、解決が求められるエネルギー問題として、①エネルギー資源の有限性・偏在性への対応、②エネルギーの安定的確保、③地球温暖化の防止の三つが中心としてあることを指摘しておきたい。

　三つ目の側面は、教育的課題への対応である。この教育的課題への対応は、教育課程が求める課題に対してエネルギー環境教育がどう関わるかということであるが、この点は、現行の教育課程の理念とエネルギー環境教育の理念が大きく重なるということから、エネルギー環境教育を行うことがそのまま教育課程の理念の実現に結びつくと言ってもよいか

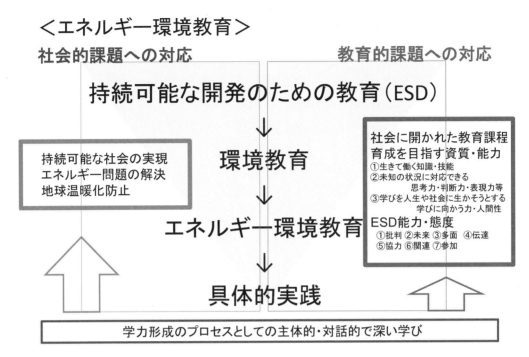

＜エネルギー環境教育＞

社会的課題への対応　　　　　　　　　教育的課題への対応

持続可能な開発のための教育（ESD）

持続可能な社会の実現
エネルギー問題の解決
地球温暖化防止

環境教育

社会に開かれた教育課程
育成を目指す資質・能力
①生きて働く知識・技能
②未知の状況に対応できる
　　思考力・判断力・表現力等
③学びを人生や社会に生かそうとする
　　学びに向かう力・人間性
ESD能力・態度
①批判　②未来　③多面　④伝達
⑤協力　⑥関連　⑦参加

エネルギー環境教育

具体的実践

学力形成のプロセスとしての主体的・対話的で深い学び

図1　エネルギー環境教育のあり方

　もしれない。以下でもう少しその重なりについて見ておきたい。

　まず、現行の教育課程では、育成をめざす資質・能力の三つの柱として、①生きて働く「知識・技能」、②未知の状況にも対応できる「思考力・判断力・表現力等」、③学びを人生や社会に生かそうとする「学びに向かう力・人間性等」を掲げているが、これはエネルギー環境教育における「未来へのまなざしをもった人間形成」の理念と共通することはすでに述べた。「学びに向かう力・人間性」に関しては、育むべき情意や態度として「持続可能な社会づくりに向けた態度」が示されている。また、育成すべき資質・能力の三つの要素のひとつである「現代的な諸課題に対応して求められる資質・能力」においても、「自然環境や資源の有限性等の中で持続可能な社会をつくる力」が具体例として示されている。

　次に、「社会に開かれた教育過程」の標榜である。ここでは、よりよい社会をつくるという目標に対して「教育課程を介してその目標を社会と共有していくこと」、子どもたちが「社会や世界に向き合い関わり合い、自らの人生を切り拓いていくために求められる資質・能力」を育むこと、「学校教育を学校内に閉じずに、その目指すところを社会と共有・連携しながら実現させること」の三つが重要とされる。持続可能な社会の構築に向けたエネルギー問題の解決は、まさに教育が社会と共有・連携しながら実現せねばならないものであり、エネルギー環境教育は関係機関等との密接な連携のもとで進めていく必要がある。こうした関係機関等との連携は、エネルギー環境教育はこれまでにも積み上げてきており、

その条件は整ってきているので、今後は、そのさらなる普及・発展が課題と言えるだろう。

　さらに、資質・能力の育成や社会に開かれた教育課程を実現するために、各学校における「カリキュラム・マネジメント」の重要性も指摘されている。カリキュラム・マネジメントとしては、①教科横断的な視点による教育内容の組織的配列、②実態や現状に基づく教育課程の編成、実施、評価、改善の一連のPDCA（Plan-Do-Check-Act）サイクルの確立、③教育内容と教育活動に必要な人的・物的資源の活用の三つの側面があり、これまでは②の側面がもっぱら重視されたが、これからは①や③の側面も重要な側面として捉えなければならないとしている。①の「教科横断的な視点」は、エネルギー環境教育においても極めて重要な視点であり、エネルギー環境教育の三つの理念で述べたように「認識内容の構造化」のためには不可欠な視点でもある。また、③の「人的・物的資源の活用」もエネルギー環境教育にとって重要である。エネルギーに関わる研究者や専門家、企業や団体等の関係機関と連携する下地はすでにかなり整っているので、それを積極的に活用していくことが求められる。

　また、求められる資質・能力を育成するために、「主体的・対話的で深い学び」が求められている。この点は、エネルギー環境教育の理念のひとつである「探求型の学習を重視し子どもの主体性を発展させること」とまったく重なっていると言ってよい。エネルギー環境教育は、その本質として「主体的・対話的で深い学び」が求められているのである。

　以上、エネルギー環境教育の三つの側面、すなわちESDの一環としての位置づけ、社会的課題への対応、教育的課題への対応という側面から、現行の教育課程との関係を再確認したが、エネルギー環境教育は現行の教育課程の理念の実現のためにうってつけの教育のあり方だと言っても過言ではないのではないだろうか。

3. 学校教育におけるエネルギー環境教育の流れ

　エネルギー環境教育と現行の教育課程との親和性がはっきりしたところで、これからは教育課程の中にエネルギー環境教育をしっかり位置付け、様々な場面で実践できるようにしていくことが必要である。しかし、エネルギー環境教育が教育課程と理念の部分では一致していても、その扱いが学習指導要領に明記されているわけではないので、実践の普及にはまだ課題が残っている。そこで、これまでのエネルギー環境教育の流れを確認することで、そこから普及に向けた手がかりを得たいと思う。

　教育において、エネルギー問題が着目されるようになるのは、2000年代からといってよい。その契機はいろいろ考えられるが、地球温暖化が進行したこと、持続可能な社会への転換が求めれたこと、国際的なエネルギー資源の獲得競争が始まったこと、世界各地で大停電などエネルギーに関わる大きな出来事が続いたこと、などが関係していると思われる。

　我が国では、1970年代のオイルショックにより、エネルギー資源の備蓄、石油代替エ

ネルギーへの転換、省エネの推進等、エネルギー問題に対して大きな関心を引き起こしたのだが、どういうわけか教育においてはあまり課題とならなかった。1970年代は環境教育が登場した時期であるのだが、環境教育としてエネルギー問題への着目がなかったということである。

　1990年代になると、環境教育はようやく学校教育に浸透し始めるが、そのときもエネルギーへの着目はない。このことは、最初の環境教育指導資料を見ても、環境問題として地球温暖化は取り上げられているもののエネルギーに関わる問題が扱われていないということからも明らかであろう。

　2000年代になるとようやく環境教育としてエネルギーの問題にも目を向け始める。それは、地球温暖化の防止に向けた取組とも密接に関わっている。なぜなら、日本が排出する温室効果ガスのうち約9割は二酸化炭素であり、その二酸化炭素排出の約9割がエネルギー起源であるからである。つまり、地球温暖化の問題はそのままエネルギーの問題でもあるのだ。1997年に京都で開催された国連気候変動枠組条約第3回締約国会議（COP3）で採択された「京都議定書」では、日本は1990年比で2008〜2012年に6%の温室効果ガスの排出量削減が義務付けられ、その後、2015年12月のCOP12の「パリ協定」では、2013年比で2030年までに26%の削減目標を掲げたが、その達成は政府が設定した2030年の望ましい電源構成の実現にかかっていた。さらに、2021年のエネルギー基本計画では、2030年までの削減目標を46%までに大幅に修正したが、その場合も電源構成のあり方を修正することで実現しようとしているのだ。

　また、日本が国連に提案して採択された「国連持続可能な開発のための教育の10年」（2005年〜2014年）の取組も重要であった。持続可能な社会を実現するうえで、エネルギーの問題は極めて重要な位置づけをもつからである。

　こうした背景の中で、エネルギー環境教育の必要性がクローズアップされてくる。

　2007（平成19）年に国立教育政策研究所が作成した環境教育指導資料では、以前の指導資料では取り上げていなかったエネルギーの問題を、「物質循環に関する環境問題」と「資源・エネルギーの開発」として取り上げている。

　2008（平成20）年の中央教育審議会答申「幼稚園、小学校、中学校、高等学校及び特別支援学校の学習指導要領等の改善について」では、環境教育に関する改善事項として、エネルギー・環境問題を取り上げ、次のように指摘している。

　「エネルギー・環境問題は、人類の将来の生存と繁栄にとってはもちろんのこと、資源の乏しい我が国にとって重要な課題である。21世紀に生きる子どもたちに環境や自然と人間とのかかわり、環境問題と社会経済システムの在り方や生活様式とのかかわりなどについて理解を深めさせ、環境の保全やよりよい環境の創造のために主体的に行動する実践的な態度や資質、能力を育成することが求められている。また、エネルギー・環境問題は、その原因においても、また、その解決のためにも、科学技術と深くかかわっており、その意味で、科学的なものの見方や考え方をもたなければならないことを学ぶことは重要であ

る。さらに、豊かな自然や身近な地域の中での様々な体験活動を通して、自然に対する豊かな感受性や生命を尊重する精神、環境に対する関心等を培うことが必要である。」

この答申に基づく学習指導要領では、持続可能な社会の実現の観点から各教科でエネルギー問題に関わる内容が取り上げられ、2011年度の完全実施によるエネルギー環境教育の進展が期待されたところだが、2011年3月の東日本大震災に伴う福島第一原子力発電所の大事故により状況が変化する。エネルギー問題への注目は大きくなったものの、国のエネルギー政策の大幅な見直しや原子力発電や放射線の扱いの難しさなどもあって、学校でのエネルギー環境教育は足踏み状態となる。

しかし、国のエネルギー政策が再び定まったことやパリ協定でも掲げた温室効果ガスの削減目標がはっきりしたことなどもあり、再度のエネルギー環境教育の進展に向けた取組が始められた。

2014（平成26）年の国立教育政策研究所が作成した環境教育指導資料（幼稚園・小学校編）では、「学習指導要領等における環境教育の充実」で次のように指摘している。この指摘は、2016（平成28）年の環境教育指導資料（中学校編）でも同様になされている。

「こうした中、今後、ますます各教科、道徳の時間、外国語活動、総合的な学習の時間及び特別活動それぞれの特質に応じ、環境に関する学習を展開する必要がある。例えば、社会科において、環境、資源・エネルギー問題などの現代社会の諸問題についての学習の充実を図ること、理科において、野外での発見や気付きを学習に生かす自然観察やエネルギーが関連する学習の充実を図ること、家庭科、技術・家庭科において、資源・環境に配慮したライフスタイルの確立、技術と社会・環境との関わりに関する内容の改善・充実を図ることなどを行うことが考えられる。」

2000年代の学校におけるエネルギー環境教育の推進については、経済産業省資源エネルギー庁の教育事業で、2002年度から2010年度にかけて選定されたエネルギー教育実践校、2014年度から2018年度までのエネルギー教育モデル校の取組が大きく貢献していることは間違いない。実践校やモデル校として、小学校・中学校・高等学校合わせて600校ほどが学校全体でエネルギー環境教育に取り組んだ。しかし、2019年度以降はその取組は中止となってしまったことは残念である。

2017・2018年には現行の学習指導要領が告示され、2020年度より小学校から順次、完全実施となっている。この学習指導要領における教育課程とエネルギー環境教育の関係についてはすでに述べたところであるが、理念の部分だけでなく各教科の内容としてもエネルギーに関わる問題の扱いが増えてきていることは確かである。エネルギー環境教育が普及・発展する条件・環境は整ってきていると言えるが、後は授業者の意識と意欲を如何に高めていくかということが重要である。そして、現在、多くのことが学校に課されているうえに、様々な課題に関わる教育の要望や期待が寄せられている中で、エネルギー環境教育の優先度を高め、実践の普及を着実に図っていけるような取組が必要となっていると言えるだろう。

　本書では、教科等でのエネルギー環境教育の実践事例を数多く提示したが、教育課程の様々な場面でエネルギー環境教育の実践が可能であるとともに実践が必要であることを理解してもらえるものと期待したい。

表1　エネルギー教育の四つの視点にもとづく小学校の学習内容

＊『かがやけ！みんなのエネルギー（教師用［解説編］）』（資源エネルギー庁発行）を基に作成

学年	1．エネルギーの安定供給の確保	2．地球温暖化問題とエネルギー問題	3．多様なエネルギー源とその特徴	4．省エネルギーに向けた取り組み
1・2			生活：身近なエネルギーの利用	道徳：みんなが使うものを大切に
3			社会：市の様子の移り変わり(道具) 理科：風とゴムの力の働き 理科：電気の通り道	
4	社会：人々の健康や生活環境を支える事業（ライフラインの確保）	（社会：自然災害から人々を守る活動（風水害と異常気象）） （理科：金属、水、空気と温度）	社会：人々の健康や生活環境を支える事業（電気、ガス） 理科：電流のはたらき（乾電池・光電池） （理科：雨水の行方と地面の温度）	社会：人々の健康や生活環境を支える事業（節水や節電、リサイクル）
5	社会：我が国の農業や水産業における食料生産 **社会：我が国の工業生産** （エネルギー自給率）	社会：国土の自然環境と国民生活（環境問題としての地球温暖化） 理科：天気の変化（異常気象と温暖化）	理科：電流がつくる磁力 （理科：流れる水の働きと土地の変化）	（家庭：調理の基礎） （家庭：衣服の着用と手入れ） 家庭：快適な住まい方 （家庭：物や金銭の使い方と買い物） **家庭：環境に配慮した生活の工夫**（生活上の省エネ）
6	社会：グローバル化する世界と日本の役割（エネルギー資源の確保）	**社会：グローバル化する世界と日本の役割**（地球規模で発生している課題の解決） 理科：燃焼の仕組み（二酸化炭素） 理科：生物と環境	**理科：電気の利用** （つくりだす電気） （理科：土地のつくりと変化）	社会：我が国の政治の働き **社会：グローバル化する世界と日本の役割**（低炭素社会の実現） **理科：電気の利用**（技術による省エネ） 理科：生物と環境

表2　エネルギー教育の四つの視点にもとづく中学校の学習内容

＊『わたしたちのくらしとのエネルギー（教師用［解説編］）』（資源エネルギー庁発行）を基に作成

	1．エネルギーの安定供給の確保	2．地球温暖化問題とエネルギー問題	3．多様なエネルギー源とその特徴	4．省エネルギーに向けた取り組み
社会	地理：世界の諸地域 **地理：日本の地域的特色（資源・エネルギーと産業）** 地理：日本の諸地域 歴史：現代の日本と世界（日本の高度経済成長） 公民：国際社会の諸問題と日本（地球環境　資源・エネルギー・持続可能な社会）	地理：世界の諸地域 歴史：現代の日本と世界（地球環境問題） 公民：私たちと経済（公害の防止と環境保全） **公民：国際社会の諸問題と日本（地球環境　資源・エネルギー・持続可能な社会）**	地理：世界の諸地域 **地理：日本の地域的特色（資源・エネルギーと産業）** 地理：日本の諸地域 歴史：現代の日本と世界（日本の高度経済成長） 公民：国際社会の諸問題と日本（地球環境　資源・エネルギー・持続可能な社会）	地理：世界の諸地域 地理：日本の地域的特色（資源・エネルギーと産業） 地理：日本の諸地域 歴史：現代の日本と世界（日本の高度経済成長） **公民：国際社会の諸問題と日本（地球環境　資源・エネルギー・持続可能な社会）**
理科	科学技術と人間(エネルギーと物質)	科学技術と人間(エネルギーと物質、自然環境の保全と科学技術の利用) 気象とその変化 自然と人間	**科学技術と人間（エネルギーと物質、自然環境の保全と科学技術の利用）** 電流とその利用 化学変化とイオン（電池） 運動とエネルギー(力学的エネルギー) 大地の成り立ちと変化	**科学技術と人間（エネルギーと物質、自然環境の保全と科学技術の利用）**
家庭分野		消費生活・環境についての課題と実践		**衣食住の生活についての課題と実践** **消費生活・環境についての課題と実践**
技術分野		材料と加工の技術	エネルギー変換の技術	**エネルギー変換の技術** 情報の技術

<注>

1) 山下宏文「エネルギー環境教育の理念と性格」山下宏文編『持続可能な社会をめざすエネルギー環境教育の実践』国土社，2009，pp.8-17

2) 『明日からできるエネルギー教育　授業展開例［小学校編］』経済産業省資源エネルギー庁，2022，pp.4-5

3) 『かがやけ！みんなのエネルギー（教師用［解説編］)』経済産業省資源エネルギー庁，2022年，pp.iv-vii

4) 山下宏文「新教育課程の理念を実現するエネルギー環境教育」山下宏文編『持続可能な社会に必要な資質・能力を育むエネルギー環境教育』国土社，2019，pp.8-16

<参考文献>

佐島群巳・高山博之・山下宏文編『「資源・エネルギー・環境」学習の基礎・基本－21世紀に向けた環境教育』国土社，2000

佐島群巳・高山博之・山下宏文編『エネルギー環境教育の学習用教材（小学校編)』国土社，2001

佐島群巳・高山博之・山下宏文編『エネルギー環境教育の学習用教材（中学校・高等学校編)』国土社，2004

電気新聞編『エネルギー・環境教育の時代』日本電気協会新聞部，2004

佐島群巳・高山博之・山下宏文編『エネルギー環境教育の理論と実践』国土社，2005

岩田一彦編『"エネルギー問題"をめぐる論点・争点と授業づくり（社会科教材の論点・争点と授業づくり』明治図書，2005

山下宏文監修、京都府木津川市立山城中学校『山城中学校のエコな挑戦　学ぶ力・教師力・学校力を育てるエネルギー環境教育』国土社，2007

渋沢文隆『今、始めないと！エネルギー・環境教育』東京書籍，2008

科学技術と経済の会監修、エネルギー環境教育研究会編『持続可能な社会のためのエネルギー環境教育～欧米の先進事例に学ぶ～』国土社，2007

山下宏文編『「エネルギー環境教育」Q&Aワーク（中学校編)』明治図書，2008

佐島群巳・高山博之・山下宏文編『教科学習におけるエネルギー環境教育の授業づくり（小学校編)』国土社，2009

山下宏文編、エネルギー環境教育関西ワークショップ『持続可能な社会をめざすエネルギー環境教育の実践』国土社，2009

佐島群巳・高山博之・山下宏文編『教科学習におけるエネルギー環境教育の授業づくり（中学校編)』国土社，2010

日本エネルギー環境教育学会編『はじめてのエネルギー環境教育』エネルギーフォーラム，2016

永田成文・山根英次編、三重・社会科エネルギー教育研究会『持続可能な社会を考えるエネルギーの授業づくり』三重大学出版会，2017

山下宏文編、エネルギー環境教育関西ワークショップ『持続可能な社会に必要な資質・能力を育むエネルギー環境教育』国土社，2019

永田成文編、三重・社会科エネルギー教育研究会『エネルギーの観点を導入したESDとしての社会科教育の授業づくり』三重大学出版会，2022

これからのエネルギー環境教育のあり方②

日本と世界のエネルギー事情
～エネルギー環境問題の今～

大磯眞一（原子力安全システム研究所）

1. 北海道のブラックアウト

　2018年9月6日、北海道を最大震度7の地震が襲った。地震の被害もさることながら、その後に起きた北海道全域の停電、"ブラックアウト"は大きな問題となった。

　原因としては、原子力発電所が止まっていて余力がないところに、地震で主力の石炭火力発電所が停止し、水力発電所から電気を送る送電線も切れてしまったことがあげられる。また、本州からの連系線は容量に限りがあり、大容量の供給を受けることは難しかった。そのため、地震の後、電力需要に対し、供給が不足して周波数が下がったことから、大停電が起きてしまった（図1）。

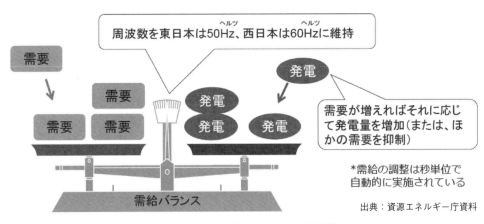

図1　電力の需給バランスと周波数

2. 米国カリフォルニア州 2020年夏 熱波による電力需要増で輪番停電

　カリフォルニア州では、2020年8月14日、15日に大規模な輪番停電（地域ごとの停電）が発生した。カリフォルニア州では、ここ10年で火力、原子力が減って、太陽光・風力の発電設備が増加していた。

　当日、17時頃から再生可能エネルギー（太陽光）の発電電力量が急速に低下し、熱波による電力需要の増加に対応できなかった。米国は、地続きのため海外から電力輸入でき

ること、自国でシェールガスを産出するのでパイプラインで天然ガスを利用できることなど、比較的恵まれている面もあったが、それでも対応しきれなかった。

3. 日本のエネルギー需給の現状

　日本も2021年、2022年の冬は危なかった。今後も電力供給の綱渡りは継続しそうである。理由としては、原子力発電所の再稼働が一部しか進んでいないことと、電力自由化により、将来の投資回収の見込みが立てづらくなり、既存火力発電所の維持や火力発電所の新設が難しくなっていることが挙げられる。すなわち、電源の容量不足に陥ったことが背景となっている（図2）。

　再生可能エネルギー（太陽光、風力発電）はお天気まかせの部分が大きく、需要に応じて供給を調節できない。大容量の揚水発電（図3）や蓄電池（図4）などとセットにすればよいが、多大なコストがかかる。どうしてもバッファとしての火力発電が必要である。なお、同じ再生可能エネルギーでも、水力発電や地熱発電は安定した供給が期待できるが、供給に限りがある。

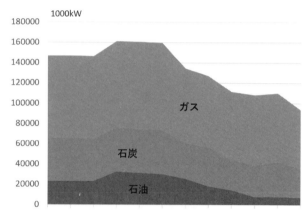

各年5月15日時点の稼働設備　発電情報公表システムからの作成
出典：常葉大学名誉教授　山本隆三ブログ（エネルギーの常識を疑う）
図2　日本の火力発電設備量推移（2010～2021）

出典：原子力安全システム研究所図面
揚水発電の仕組み（太陽光発電のバッファとして利用する場合は、昼間に太陽光発電の余剰電力で水をくみ上げて、夕方に水を落として発電するといった使い方もある）

図3　揚水発電のイメージ図

九州電力豊前蓄電池変電所 大型蓄電システム
図4　大容量の蓄電池の例（筆者撮影）

将来的には、海外の条件の良いところで風力発電や太陽光発電を行い、液化水素やアンモニアのかたちで、船で日本に運ぶといった計画もある。

4. 日本と世界のエネルギー事情

　日本は島国のため、米国のように電力輸入できない。また米国はエネルギー資源に恵まれている。再生可能エネルギーも、日本はカリフォルニア州などに比べると、平地が限られており、風況も安定しないなど、条件的に恵まれているとは言えない。エネルギーの安定供給の確保のために、米国など比較的条件の良い国以上の努力が求められる。

4−1. 日本の一次エネルギー供給量実績

　日本の一次エネルギー供給量実績は図5のとおりである。2007年頃をピークに、一次エネルギー供給量は減少してきている。とくに石油の減少が進んでいる。また、2011年の福島第一原子力発電所事故以降、原子力発電が減少し、天然ガス、再生可能エネルギーが増えてきている。

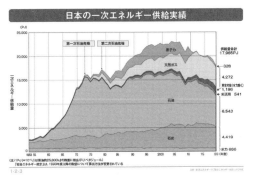

出典：日本原子力文化財団　原子力・エネルギー図面集

図5

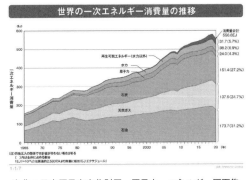

出典：日本原子力文化財団　原子力・エネルギー図面集

図6

4−2. 世界の一次エネルギー消費量の推移

　世界の一次エネルギー消費量の推移は図6のとおりである。右肩上がりで増えてきていたが、2020年には新型コロナの影響などで若干消費量が減少した。

4−3. 世界のエネルギー自給率と日本

　世界の国々のエネルギー自給率（2018年推計値：日本のみ2018年確報値）をみると、日本は12％程度と、先進国の中で最下位に近い（図7）。1位はノルウェーである。

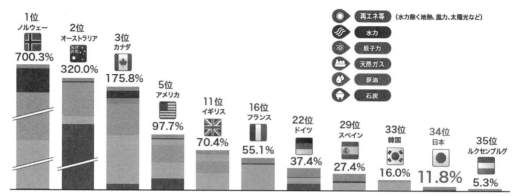

主要国の一次エネルギー自給率比較（2018 年）

（出典）IEA「World Energy Balances 2019」の2018年推計値、日本のみ資源エネルギー庁「総合エネルギー統計」の2018年度確報値。※表内の順位はOECD35カ国中の順位（資源エネルギー庁・スペシャルコンテンツ）

図7

4－4．原油輸入の中東依存度

　原油の中東依存度を大幅に下げている米国に対し、日本の原油輸入の中東依存度は、1980年代には、一時60％台にまで低下していたが、2020年には再び90％を超えてきている（図8）。

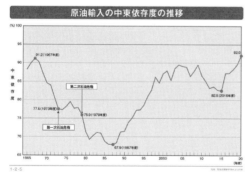

出典：日本原子力文化財団　原子力・エネルギー図面集

図8

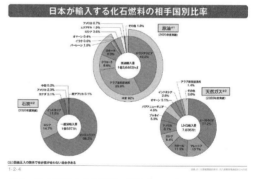

出典：日本原子力文化財団　原子力・エネルギー図面集

図9

　もし、ホルムズ海峡が閉鎖されたら、中東に原油供給の90％以上を頼る日本は大打撃を被る。石油は備蓄があるので、すぐには大きな影響は出ないかもしれないが、長期的には大変なことになる。

4－5．米国の非在来型生産による中東依存度低減、日本の石炭による供給国分散化

　北米は非在来型（シェールオイル、シェールガス）の生産が進んでいる。その結果、米国の原油生産量は急回復してきており、中東の原油に頼らなくて済むようになってきている。天然ガスも自国で生産できるので、パイプラインで安価に利用できる。

　米国に比べて、日本の原油の中東依存度は非常に高い。しかし、日本についても、原油以外の石炭、天然ガスは供給国の分散化が進んでおり、とくに石炭は中東にまったく頼っていない（図９）。

４－６．石炭からの転換

　石炭はCO_2排出量が多く、ゼロエミッションを目指す上で削減が求められている。しかし、比較的安価で、供給国もオーストラリアなど政情の安定した国が多いなど、メリットもある。日本の石炭火力発電所は比較的新しく、発電効率も高水準のものが多い。燃料価格も、天然ガスをLNGというかたちで輸入する日本は、米国などに比べ天然ガス価格はどうしても高くなり、石炭火力の経済性は今後も保たれるものと思われる。

　石炭火力を完全にやめてしまうというのは、エネルギー資源に乏しい日本にとって、エネルギーミックスの面からも問題があり、さらなる高効率化やCCS（二酸化炭素回収・貯留）との組み合わせなど、カーボンニュートラルとの両立を目指した方向性が求められる。

４－７．一人あたりの一次エネルギー供給量

　エネルギー資源の豊かな国、先進国は、一人あたりの一次エネルギー供給量が多い。日本は主要国では中くらいである（図10）。

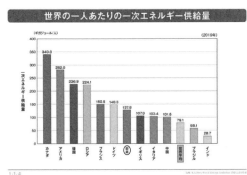

出典：日本原子力文化財団　原子力・エネルギー図面集
図10

出典：日本原子力文化財団　原子力・エネルギー図面集
図11

４－８．天然ガスの動向

　天然ガスに対する需要は、環境・省エネルギー意識の高まりなどを背景に伸びており、将来的にも世界的に増加が見込まれる（ただしCO_2排出削減のため、化石燃料全般の消費を減らそうという動きもある）。ヨーロッパにおいて天然ガスは、大陸で地続きのため、ロシアなどの産地からパイプラインで輸送するのが一般的であったが（図11）、ウクライナ情勢の緊迫などを受け、今後、LNGの形態での輸送が増えていく見込みである。

4−9．国際的な水力開発の状況

　世界的には、技術的に開発可能な包蔵水力はまだまだ残されている。ただし、国ごとに、地勢、水力およびその他のエネルギー資源の保有量等によって、水力開発に関する状況および課題が異なる。カナダ、ブラジル、ノルウェーなど水力資源が豊富な国は、国全体の発電電力量の半分以上を水力でまかなっている。先進国においては、日本と同様の課題（河川環境の保全と水力開発の両立の難しさ、大規模水力発電は適地が限られること）を抱えている。そのため、規模は小さいが小水力発電にも期待が高まっている。東南アジア等の発展途上国においては、未だ大規模な包蔵水力を擁し、今後の水力開発が期待されている。日本の企業も、東南アジア等、海外での水力開発に参画している。

4−10．世界の原子力発電の動向

　将来における世界の原子力発電利用を左右する要素を挙げると次のようになる。①各国のエネルギー安全保障（セキュリティ）、②気候変動（地球温暖化）（原子力発電は発電時にCO_2を排出しない）や大気汚染への対策の必要性と逼迫度、③発展途上国における人口や電力需要がどれくらい増加するか、④他のエネルギー資源価格の変動。日本においても①②④の観点から原子力発電を捉える必要がある。世界の国別人口ランキングと原子力利用を見比べてみると、人口の多い国は原子力利用を進めている国が多い（表1）。また、現在、原子力発電を利用していなくても、将来的に利用したいとする国も多い（図12）。

表1

世界の国別人口ランキングと原子力利用

順位	名称	人口（億人）	地域	原子力利用
1位	中国	14.41	アジア	○
2位	インド	13.66	アジア	○
3位	アメリカ	3.29	北米	○
4位	インドネシア	2.70	アジア	
5位	パキスタン	2.16	アジア	○
6位	ブラジル	2.11	中南米	○
7位	ナイジェリア	2.00	アフリカ	
8位	バングラデシュ	1.63	アジア	○
9位	ロシア	1.45	ヨーロッパ	○
10位	メキシコ	1.27	北米	○
11位	日本	1.26	アジア	○
合計	全世界合計	76.76	―	―

出典：WHO世界保健統計2021年版に掲載されている人口統計（2019）
人口の多い国は原子力利用を進めている国が多い

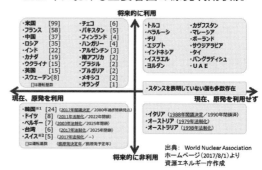

2017年における主要各国の原発利用状況

出典： World Nuclear Association
ホームページ（2017/8/1）より
資源エネルギー庁作成

図12

5．地球温暖化問題

　世界の人口はどうなるのか。2020年で77.9億人であるが、将来的には104億人くらいまで増加すると予測されている（国際連合：世界人口予測2022）。今後、アフリカでの人口増加が見込まれる（図13）。人口が増加すると、それに伴ってエネルギー消費量、CO_2排出量も増える傾向にある。世界のCO_2排出量の推移をみると2000年から2010年にかけて大きく増えており、現在、1位の中国、2位の米国、3位のインドだけで、世界の排出量の

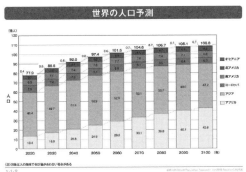

出典：日本原子力文化財団　原子力・エネルギー図面集

図13

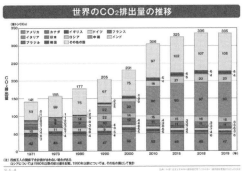

出典：日本原子力文化財団　原子力・エネルギー図面集

図14

半分近くを占めている（図14）。

　CO_2増加による気温上昇の実績と予測は図15のとおりである。世界では、ここ100年で約0.72℃の割合で気温が上昇したが、向こう数十年の間に、CO_2およびその他の温室効果ガスの排出が大幅に減少しない限り、21世紀中に地球温暖化は1.5℃および2℃を超えるとされている。

　再生可能エネルギーを主力電源にしようとするエネルギー政策は、安定供給と経済性を達成可能なのだろうか。エネルギー政策の目的は、温暖化対策と合わせて3E＋S（S＋3Eともいう）の実現が必要である。「安全性S」を大前提にエネルギーの「安定供給」「経済性」「環境保全」という3つのEのバランスを考慮しなければならない（図16）。

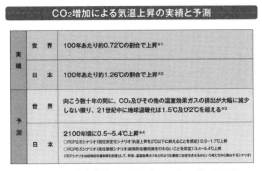

出典：日本原子力文化財団　原子力・エネルギー図面集

図15

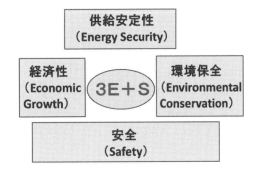

図16

6. まとめ

　エネルギー資源の豊かな国、先進国は、一人あたりエネルギー消費が多い。日本は主要国では中くらいである。米国はエネルギー自給率100％くらいになっているが、1人あたりCO_2排出量は日本より多い。ドイツは石炭を多用しているので、再生可能エネルギーの比率は高いが、1人あたりCO_2排出量は日本と変わらない。フランスは原子力の比率が高

く、1人あたりCO_2排出量は日本よりかなり低い。イギリスは低炭素電源が半分、火力が半分だが、火力に占めるガスの比率が高く、1人あたりCO_2排出量は日本より低い。

　世界の国々のエネルギー自給率では、1位はノルウェーである。日本は先進国で最下位に近い。石炭利用は先進国で減少し、アジアで伸びる見込みである。天然ガスは世界的に伸びるが、備蓄が難しいので新型コロナ、ウクライナ情勢の緊迫など有事に弱い。世界のエネルギーは、天然ガス、バイオマス、原子力、風力・太陽光が伸びる見込みとなっている。原子力は、中国、ロシア、インドなどでさらに増加しそうである。ほかにも、人口が増える国を中心に今後増やす計画の国がある。日本においても、安定供給、経済性、環境保全（地球温暖化対策）の3つのEの観点から原子力を捉えていく必要がある。

　海外では再生可能エネルギー（風力・太陽光）の供給価格は下がってきている。しかし、日本は相対的に条件が悪いので高止まりの傾向にある。海外から電気を購入するには島国で送電線が使えないので、将来的には再生可能エネルギーで製造した水素、アンモニアを船で日本に運ぶ案もある。太陽光・風力は出力変動が激しく、供給量をコントロールできないので、火力発電で調整したり、揚水発電、蓄電池で電気を貯めたりするコストも考えないといけない。EUでは、今後、再生可能エネルギーの伸びによって、電力の供給余力がさらに少なくなってくる見込みである（再生可能エネルギーは需要に合わせて供給できないため）。日本も他人ごとではない。

　世界のGDPとエネルギー消費は、ほぼ正比例の関係にある。今後も右肩上がりが予想されているが、足下では新型コロナ、ウクライナ情勢の緊迫で下降している。エネルギー問題は人口問題の側面もある。今後、発展途上国で人口もエネルギー消費もますます増加の見込みであるため、発展途上国向けに、原子力発電所やCO_2排出量の少ない最新鋭の火力発電所の輸出や技術供与を行うなど、国際的な協力が求められている。

＜参考文献＞
一般財団法人 日本原子力文化財団「原子力・エネルギー図面集」2022
https://www.jaero.or.jp/data/03syuppan/energy_zumen/energy_zumen.html
資源エネルギー庁ホームページ・スペシャルコンテンツ「日本初の“ブラックアウト”、その時一体何が起きたのか」2018
https://www.enecho.meti.go.jp/about/special/johoteikyo/blackout.html
資源エネルギー庁ホームページ・スペシャルコンテンツ「世界の原発利用の歴史と今」2017
https://www.enecho.meti.go.jp/about/special/tokushu/nuclear/sekainonuclear.html
山本隆三『再エネ導入が停電を引き起こしたカリフォルニア州』ブログ「エネルギーの常識を疑う」
2020　https://ieei.or.jp/2020/09/yamamoto-blog200914/

Ⅱ

小学校における
エネルギー環境教育の実践例

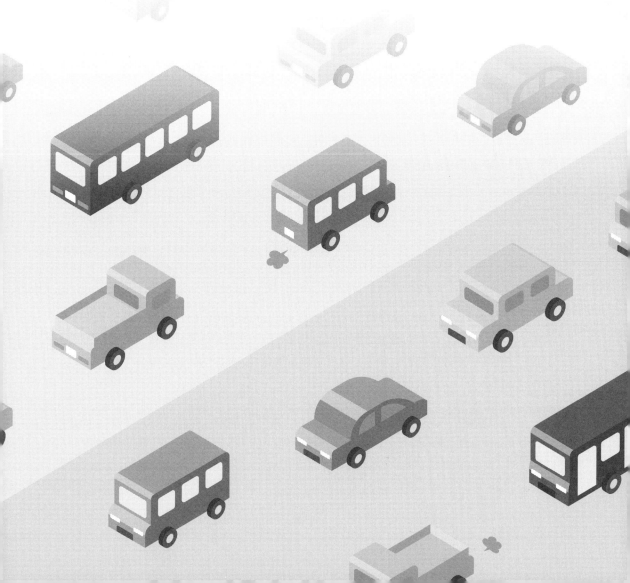

エネルギー利用の変遷に くらしの変化から気付く

平野江美（奈良教育大学附属小学校）

1. 実践の意図と目標

　本単元は第3学年の内容のうち、「(4)(ア) 市や人々の生活の様子は、時間の経過に伴い、移り変わってきたことを理解すること。」にあたる。ここでは、自分たちの市が時間の経過に伴って交通網の整備や公共施設の建設、土地利用の様子や人口が変化し、生活で使う道具が改良され変わってきたことなどに目を向けて生活の移り変わりについて理解させるものである。また、物だけではなく、消費生活についても目を向けるなど、生活全般について高度経済成長期前後と現代とを比較することで、自身のライフスタイルにも目を向けさせることができるものである。

　特に交通網の整備は、鉄道の電化や自動車の動力源の変化を取り上げて「エネルギーを使う」ことに目を向けることができる。また、「三種の神器」に端を発する電化製品の普及が与えた生活の変化は、エネルギーを使うことと表裏一体でもある。そこで、本単元のねらいを以下のように設定した。

知識・技能	思考・表現・判断	学びに向かう力
身近な人たちのくらしは、時間の経過に伴い、移り変わってきたことを聞き取り調査や年表の作成を通して理解する。	生活の道具の時期の違いに着目して、身近な人々の生活のようすをとらえ、変化を考えて表現することができる。	人々のくらしが電力や機械の普及によって変わってきたことを理解し、自身のくらしに合わせたエネルギーを活用を意識できるようにする。

　このねらいの達成に向けて学ばせるにあたり、「エネルギー教育を進めるにあたって留意すべき4つの視点」に直接かかわる内容はないが、全ての視点の基礎となる学習であると捉えている。その中でも中学年という学年と単元の内容から、目に見えてわかることを扱う、以下の2つの視点に絞ることとした。

4つの視点	本単元でねらえること
3. 多様なエネルギー源とその特徴	生活の道具の時期の違いに着目して、身近な人々の生活の様子を捉え、変化を考えて表現することができる。
4. 省エネルギーに向けた取り組み	電球の移り変わりなどを例にして道具が変わることの良さの一つにエネルギーを使う量が減っていくことがあると気付かせることができる。

　本単元において「道具」を調べたり、昔と現代のくらしを比べたりすることは、この年齢の子どもたちにとって“楽しい”活動である。自分たちが知らなかったことにたくさん出あうことで知的好奇心がくすぐられる。その中で少しずつ「素材」や「動力」といったエネルギーを使っているという視点を与えていくことで子どもたちはエネルギー環境教育の視点に迫っていくのではないかと考えた。

　また、今回、2020年度に国の事業によって子どもたちに一人一台導入されたタブレット端末を活用したいと考えた。タブレットを使うことがより効果的である内容を選び、取り入れるようにした。今回は、Classroom機能を使った写真の提出とJamboard機能を使った画像の閲覧と書きこみを取り入れた。その効果についても併せて報告する。

2. 実践の構造

　前の単元で創立130年を超える本校の校舎や子どもたちの服装を切り口にしてくらしがどのように移り変わっていったのか、時代の変遷とも重ね合わせながら学ばせた。その中では、「黒板」が昔は木の板を黒く塗ったものであったが、今は濃緑色に塗られた薄い鉄の板であること。それが機能面（磁石がつく、作りやすい、設置しやすい）と、健康面（色や反射）から変わってきたことについて子どもたちは知ることができた。服装においても同様で、かなり早い時期に子どもたちの服装が洋装になったのは、機能面からであると気付いている。

　本単元では、今の場所へ移転した1960年ごろを1つのターニングポイントとして道具が変わったことに気付かせるために家庭に残るさまざまな時期の道具調べも取り入れた。

　今回の学習には、端末を使用し、子どもたちが自分で集めた写真も活用して行った。

次	学習内容	学習活動	目標とのかかわり
1	昔の道具調べ（3時間）	・各家庭にある「昔の道具」を写真に撮り、クラスで紹介しあう。 ・昔の道具をそれが使われていた頃にわけて年表に貼る。 ・道具の素材や動力の違いを探す。	時代によって道具の形状や動力が異なることに気付く。
2	くらしをくらべる（2時間）	・1960年代前半と現代のくらしを描いたイラストを比較する。 ・動力源などにも注目し、自身が使う道具がどのようにして動くのかを考え、どれくらい変わったのかに気付く。	年表から昔と今とでエネルギーの使われ方が異なることに気付く。

　今回の実践においては、総合的な学習の時間は使用していないが、子どもたち自身に資料を作成させるためには、総合的な学習の時間との併用も必要であると考える。

　また、理科で「豆電球」を扱うので、学習時期を合わせておくと電気エネルギーを使う、ということがよりわかりやすいだろう。

「道具」を切り口にして、エネルギーが使われるようなくらしに移り変わっている、という見方や考え方ができるようにしていきたい。

3. 実践の流れ

(1) 昔のくらしの道具調べ

第1時では、前単元で学習した「学校でのくらしのうつりかわり」をもとに、明治から大正、昭和、平成、令和へと時代が変わったことでくらしぶりだけでなく使っているものも変わっていたことを思い出させた。

古都と呼ばれる奈良市でも道路が拡張されたり、駅が地下や高架になったりしている。写真家・入江泰吉の写真と子どもたちが知っている今とを比べて、それが車社会とのかかわりによることである（渋滞緩和）ことにも気付くようにした。

次に家庭学習として子どもたちに端末を持ち帰らせ、子どもにとって「古くからある」と思う道具を写真に撮るように指示した。撮った写真は、GoogleのClassroom機能を使って提出することとした。

第2時では、提出された写真を担任がモニター画面に投映し、道具の紹介をしあった。子どもたちが撮ってきた道具は、大きく分けて2つの時期に分かれた。両親が子どものころの道具（1980～1990年代）と高度経済成長期前後（1960～1970年代）である。さらにもっと前の時代（1945年以前）のものも多く出された。

まずは、提出された順に担任がモニターに投映した。提出者がそれらについて自分が聞きとったことを発表した。調べた子どもにとっても初めて目にしたものが多く、使い方がよくわかっていなかったり、今の道具に置き換えると何にあたるのかがうまく言えなかったりするものも多くあった。しかし、29人分の発表を聞き進めるうちに、子どもたちの中からいくつかの見通しが生まれた。それは以下のようなことである。

・古いものは、木とか竹とか植物のものでできているものが多い。
・最近のものは、こわれやすいもの（プラスチック）が多い。
・最近のものは、機械（電気など動力を必要とするもの）が多い。
・古いものは、作れたり直せたりしそう。

第3時には、子どもたちの撮った写真をプリントアウトして、学校の移り変わりを学習した年表に貼りこんでいった（図1）。すると、前時に子どもたちが気付いたように今（2022年）に近づくほど、プラスチック製品が多くなったり機械が多くなったりしてきた。

それを子どもたちは、「よいこと」と捉えた一方で、2021年7月の「レジ袋有料化」と重ね合わせてこれからも同じように続くかどうかはわからない、と思ったようでもある。また、壁掛け時計では、ねじ巻き式のものは、ねじを巻かなければ動き続けない一方、電池式は電池がなければ動かないがねじを巻きさえすれば動くことを知り、今より便利なのではないかと感じた子どももあった。「便利」がエネルギーを使うことばかりではないことにも気付いた。

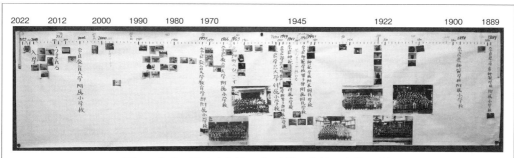

図1　年表（大きな写真は各時代の本校の卒業写真）

（2）くらしのうつりかわり

　昔と今とでは、くらしが異なっていたようだという見通しがもてたところで、くらしを描いた2枚の絵を比べる活動を取り入れた。eカード開発プロジェクト（榊原典子代表）が2011年に作成した学習絵本「eネコといっしょに　くらべよう！昔と今」（※）の中の2つの場面を取り上げた。

　この資料は、元々は絵本になっており、これまでは子どもたちに絵本を渡したりイラストを拡大して掲示したりして読み取らせてきたものである。今回は、端末で個別にイラストを配信し、子どもたちが拡大して見ることができるようにした。自分の手元で自分のペースでイラストを拡大縮小して読み取ることができたことにより、子どもたちは細かいところまで気付くことができた。

※現在は株式会社原子力安全システム研究所（INSS）のホームページで閲覧することができる。（「e絵本、INSS」 検索 ）（2022年7月20日閲覧）
　http://www.inss.co.jp/wp-content/themes/inss/images/research/e-book.pdf

　Google Classroom機能を使ってJamboardの背景に図を貼りこんで配布し、デジタル付箋を使って子どもたちが気付いたことをキーボードで書きこんだ。グループで1枚の図に互いに書きこみ、話し合いながら活動することが効果的であるが、今回は、子どもたちそれぞれがどのようなことを考えたのかを知るために個別の作業（ワークシートと同様の扱い）とした。2枚ともに書きこむことは大変なので、「現在」は、指導者が画像を提示し、クラス全体で読み取ることとした。

第1時は、「学校の教室」を取り上げた（図2）。「昔」の教室で子どもたちがまず指摘したことは、木材が多用されていることである。校舎が木造である（コンクリートではない）こと、電灯がつるされている（あまり明るくない）、暖房器具がストーブで排気のために煙突があるなど、子どもたちにとって初めてみる光景であった。

机、床は本校でも木材ではあるが、合板で表面が加工されているので、イラストのような木材感がない。道具が人の手で作られている、ということが改めて感じられたようであった。

これらを読み取ることで、子どもたちの中で昔と今とで同じ目的で使う道具はあったとしてもそれを作る材料が変化していたり、動かす方法が変わっていたりする、という見通しをもつことができた。

図2 「学校の教室」（上：1960年代、下：2010年ごろ）

図3 子どもの読み取り

第2時は、「台所（朝食の様子）」を取り上げた（図4）。教室以上に電化製品が現在のイラストに多く描かれていることに子どもたちはかなり早く気付いた。ここでは台所で使われる道具に着目させたいと考えていたが、子どもたちが

図4 「台所（朝食）」（上：1960年代、下：2010年ごろ）

多く注目したのは、電灯であった。白熱電球の国内での製造が停止され、家庭で使われているところを見ることがほとんどなくなったためであろう。どのようなものか、想像がつ

かない様子であった。一方、理科で豆電球を扱った経験があったこともあり"裸電球"による明かりが蛍光灯やLEDに比べると暗いものであるということは予想されたようである。この絵からは、エネルギーを使う道具が昔も使われているが今とは形が異なっていたりエネルギー源が異なっていたりすることが学べた。

図5　子どもの読み取り

4. 実践の評価

　今回の実践でエネルギー環境教育の視点からの評価のポイントは、大きく以下の2点であると考えている。

・生活に使われている「道具」が「便利」になるということは、何らかのエネルギーが使われていることに気付くことができたか。

・自身の生活においても多くのエネルギーを使っていることに気付くことができたか。

　1点目について、自分たちが調べてきた道具を使われていた時期に並べ替えることで見通しをもたせることができた。また、材料（素材）の変化からもエネルギー使用の移り変わりに目を向けさせることができた。

　2点目については、1点目を学んだあとに昔のくらしを場面として見たり現代とくらべたりすることで自分たちのくらしが特に電気エネルギーによって支えられているということに気付かせることができた。特に、端末を学校で充電して使用したことで、自分たちが家で使っているゲーム機もエネルギーが使われている、と自覚した子どもがいた。

　また、イラストを端末によって個人が閲覧できることは、拡大・縮小も容易であり、写真では気付きにくい細かい部分にも気付くことができた。

　今回は、多くの実践で取り扱われているように「七輪を使って調理する」など自身のくらしの変化を活動はで確かめることは行わなかった。学んだことをもとにして"エネルギーをあまり使わない"くらしを体験することでエネルギー環境教育の4つの視点をより深めることができたのではないだろうか。

日本で一番やっかいなゴミ：
高レベル放射性廃棄物の処分の在り方を通して、エネルギーに関する問題を考える

平岡信之（京都教育大学附属桃山小学校）

1. 実践の意図と目標

　高レベル放射性廃棄物の処分に関する授業研究は、関連機関との連携の中で教材を作成し、実践してきた。附属校ならではの強みを生かし、詳細な部分も漏れ落とさないようにした。４学年ではゴミの学習に位置付けた。５学年では社会を支える発電の副作用として位置付けて取り組んだ。６年生では、くらしと政治の学習に位置付けて取り組んだ。その中でも４学年では、「日本で一番やっかいなゴミ」というタイトルでごみ問題の発展学習として多くの時間をかけて実践した。エネルギーに関する問題は身近かつ緊急でみんなで考えなくてはならない問題である。また、高レベル放射性廃棄物の問題は今後の我が国のエネルギー政策（原子力発電の動向）に関わらず、すでに存在していることに気付くことが重要である。原子力発電を選択しなくても高レベル放射性廃棄物の問題は避けて通ることができない。また、原子力発電を選択すればさらにその重要性は高まる。この問題は我が国だけでなく原子力発電を進めてきた先進国に共通する問題であり、原発の方向性とは別に各国が直面している課題でもある。18歳で選挙権を持ち、社会参画していくことを考えると早くから知っておくことが望ましいと考えた。単元のねらいの中に「高レベル放射性廃棄物の処分に関する学習」のねらいを追加した。

　また、エネルギー環境教育を進めるに当たって留意すべき４つの視点も以下のように設定した。

「高レベル放射性廃棄物の処分に関する学習のねらい」

知識・技能	思考・判断・表現	学びに向かう力
高レベル放射性廃棄物の存在を知り、その処分について検討されている方法の概要を理解する。	高レベル放射性廃棄物の処分について自分なりの考えを持ち、判断する。	高レベル放射性廃棄物の存在を知り、その処分について関心を持ち続ける。

「エネルギー教育を進めるに当たって留意すべき４つの視点」

４つの視点	本単元でのねらい
１．エネルギーの安定供給の確保	原子力発電が、国のベースロード電源として位置付けられていることを知る。
２．地球温暖化問題とエネルギー問題	原子力発電が、発電時に温室効果ガスを発生しないということを理解する。
３．多様なエネルギー源とその特徴 ＊特に中心となる視点	発電に使われるエネルギー源は、多様でそれぞれに長所と短所があることを理解する。
４．省エネルギーに向けた取り組み	ごみの分別収集によって、資源として再利用・再生利用することができることを理解する。また、ごみの減量のためには、市民一人一人の協力が欠かせないことを理解する。

2.実践の構造

（1）社会科としてのねらい

社会科としておさえるべき内容（高レベル放射性廃棄物の処分に関する学習のねらい）
①核廃棄物は現在存在しており、それは処分しなくてはいけない。
②処分法はいくつかあるが現段階では地層処分が有効であると考えられている。
③このことは、これからも学習していかなくてはならない重要な問題である。
④そのためには、信頼できる情報を集める力を高めるとともに、それを読み解き、考え、判断して意思表示をしていくことが大切である。

（2）学習の構造

「わたしたちのくらしを支える」＝ゴミの問題を考えよう＝
　Q：使うものはどこからどこへ　生産→運搬→消費→廃棄
　・食品・衣料品・水・ガス・電気についての流れを確認する。
　Q：ゴミはいつ出るのか調べよう
　・作るときにもゴミは出ることに気付く。
　・日常生活の中では見えにくいゴミだが何とかしなくてはいけないことを理解する。
　Q：電気を作るときに出るごみはどんなゴミか知ろう。
　・それぞれの発電によって出るごみを知る。
　Q：原子力発電所で電気を作るときに出るごみはどうしたらいいかについて考えよう。
　・それぞれの処分方法についての価値判断と意思決定を行う。
　・交流学習を通して高めあう。

（3）4年生社会科指導計画　単元名：くらしをささえる「くらしとごみ」

「指導計画：高レベル放射性廃棄物の処分方法について考えよう」…10時間

次	学習のねらい	学習内容
1 存在を知る 2h	高レベル放射性廃棄物の存在を知り、処分をどの方法で行うべきか考える。	・高レベル放射性廃棄物の存在を知る。 ・地層処分、宇宙処分、海洋底処分、氷床処分、長期管理のどの方法で処分するのがよいか話し合う。 ・この問題を考えるために必要な知識や情報について話し合う。
2 概要の理解 2h	放射能や高レベル放射性廃棄物について知る。	・国際的には、地層処分の方向性で進められていることを理解する。 ・ニュースを見て、日本における高レベル放射性廃棄物の処理の方針を理解する。 ・地層処分で本当によいのか、他の方法がよいのか話し合う。
3 処分方法の考察 2h	ニュース番組を見て、もう一度高レベル放射性廃棄物の処分について考える。	・ニュース番組を見て、日本における高レベル放射性廃棄物の処理の方針を知る。 ・国際的には、地層処分の方向性で進められていることを理解する。 ・地層処分でよいのか、他の方法がよいのかについて話し合う。
4 交流学習 4h	交流学習に取り組み、さらに深める。	・事前学習では、上級生に聞いてみたいことについて話し合い、質問事項をまとめる。 ・交流学習では、回答をもとに話し合い、グループとしての方向性を出す。

＊10時間の学習計画は、「くらしとごみ」の発展学習として特設したものである。
＊副読本の有効活用で2時間から3時間の学習として「くらしとごみ」の単元の最後に実施することも可能である。

3. 実践の流れ

（1）各次の学習について

　第1次では、まず、日本における原子力発電所の現状についての時事的な内容を取り入れながら、本題である、最も厄介なゴミ問題としての「高レベル放射性廃棄物の処分問題」を提示した。問題の重大性や解決の困難さを説明したのち、現在までに考案された5つの処分方法を取り上げ、どの方法で処分するのがよいか考えた。この段階においては、児童は既有の知識と感覚のみにしたがって意思決定しているのは仕方がないことであり、科学的社会認識に基づいて意思決定できるほどの情報を十分に持っていないのだから当然だといえる。むしろ、教師のねらいとしては、この問題を真剣に考え、説得力のある意見を表明するには、現段階の学習のみでは情報不足であることを、児童がメタ認知できるかというところにある。そこで、その意図が児童により伝わるように、授業で使用したワークシートの最後に、「この問題を考えるために、より深く知りたい情報や調べたいことは何か」という質問を設定しておいた。

　第2次では、日本を含めて国際的に、地層処分によって高レベル放射性廃棄物を処分する動きであることとともに、地層処分以外の4つの方法にどのような問題があるか説明した。その際、現段階の多数派の意見でしかないことを強調し、「世界的にそうなっているのだから、それが正しいに決まっている」と、児童が思考停止に陥らないように留意した。その後、2015年2月27日のNHK「ニュースウォッチ9」とテレビ朝日「報道ステーション」のニュースを視聴し、同日に行われた、高レベル放射性廃棄物の処分方法について話し合われた2つの会議を取り上げ、地層処分の是非について、経済産業省と日本学術会議で意見が微妙に分かれたことを読み取った。そして、再び高レベル放射性廃棄物の処分方法について、地層処分でよいのか、それとも他の方法（宇宙処分、海洋底処分、氷床処分、長期管理）がよいのか考えた。児童は前回よりも、科学的なデータをもとにして根拠のある意見を展開することができた。

　第3次では、2007年に高知県東洋町が地層処分を行う最終処分場の候補地の文献調査対象として名乗りを上げたが、町民の反対多数により、推進派の町長が選挙で落選したことで候補地立候補を取り下げた事例を紹介し、「もしあなたの住んでいる町が最終処分場の候補地となったら、あなたは受け入れを（条件つきでも）認めますか、それとも絶対に反対しますか」という問いを設定した。また、認めると回答した児童は、「受け入れるための条件として何を要求するか」について具体的に考えた。高レベル放射性廃棄物の処理という抽象的な問題を、具体的で現実味を帯びた話題へと変換することによって、問題を身近に感じられるとともに、「何でもあり」ではなく、自分の意見に責任を持って考えられるようになることを意図した。児童の反応は、「（条件つきでも）認める」が15人、「絶対に反対」が22人だった。また、「補助金が出て絶対に安全なら得だ」「いつでも引っ越せるよう、移住先を確保しておくべき」「お金で安全は買えない」「安全と安心は違う。100％安全と言われても、果たして安心できるのか」などの意見が出た。

　また、「反対だが、どこかで受け入れなければならない」という意見を拾い、「世の中にとっては必要だが、自分の住む近くには来ないでほしい」というNIMBYの概念を紹介した。

　第4次では、附属学校連携研究の取り組みの一環として附属中学校，附属高校の上級生との交流学習を実施した。これまでの学習を振り返り、改めて自分の意見をまとめるとともに、「宇宙処分は現実的な方法ではないのか」「高レベル放射性廃棄物をエネルギー源として再利用することはできないのか」「条約にはどのくらいの力があるのか」などの質問を伝えた。それを受けて中学生が小学生に分かりやすく伝えられるように調べたことを、スライド資料にまとめて発表した。

　交流学習では、グループごとに話し合った。中学生がリーダーとなって話し合いを進め、小学生の意見も聞きながら、グループの意見を集約した。

　高校生との交流学習では、「合意と納得」「理解と協力」をキーワードに合意形成についても話し合うことができた。

（2）意思決定時の状況

「どの処分方法が最も適切だと考えられるか？」という問いを常に持ち続け、新しい情報を入手した時に処分方法の選択を行い、根拠を示して話し合ったその履歴は以下の表の通りである。

①言葉の持つイメージで高レベル放射性廃棄物を捉え、その時の知識で個として1回目の選択を行った。

②1回目の選択理由を示し、話し合いを経て同じ時間内に2回目の選択を行った。

③必要な知識や情報を提供し、報道番組を複数視聴した後、話し合いを経て2日後に3回目の選択を行った。

	地層処分	宇宙処分	海洋底処分	氷床処分	長期管理	その他
11月10日①	8人	11人	0人	4人	6人	5人
11月10日②	8人	15人	0人	2人	3人	6人
11月12日③	17人	1人	0人	1人	6人	10人

「意思決定の履歴」

＊その他は、迷っている、わからない、どれもデメリットがあって選択できない。

（3）説得力のあったとされる意見とその根拠

11月10日はI君の「地球外に出せばすべては解決する。そのロケットは太陽に打ち込む。太陽の熱で燃やし尽くせばよい！」が支持を得た。しかし、ロケットの打ち上げに失敗したニュースが紹介されると安全性が疑問視されて支持する子児童は激減した。11月12日には地層処分に可塑性を持たせた北欧の事例、専門家の助言（日本学術会議）が紹介された。これを受けて地層処分、長期管理、一時保管をしておいて技術が確立された後で地層処分を行うという意見が増加した。

また、原発の地下に埋めるという意見や北欧に買い取ってもらうという意見も出た。

「アナログ：意思表示色別カードで交流する」「デジタル：ロイロノートで交流する

「中学生との交流学習」　　　　　　　　　「高校生との交流学習」

4. 実践の評価

　地層処分の問題は、身近で、緊急で、みんなで考えなくてはいけないことだと気付くことができた。大人でも判断が分かれる問題だが、世の中にはそういう問題が存在していることに気付き、考えるスタートラインに立つことができた。

　高レベル放射性廃棄物の授業実践のこれまでと候補地に立候補する自治体があることや激動する世界情勢を踏まえ、信頼できる最新の情報を基に授業を構想する必要がある。

　発展的な内容を取り扱う場合、限られた指導時数の中で指導を行うために、副読本を効果的に活用した実践モデルを示す必要性をあることを強く感じている。

くらしを支える電力についての考えを深める
～工業学習の発展としての電気事業の扱いから～

古澤拓也（大分市立大在小学校）

1. 実践の意図と目標

　小学校社会科では、第4学年に選択内容として以下のように「電気」の学習が位置づけられている。

資質・能力	「電気」に関する学習内容
知識・技能	（ア）飲料水、電気、ガス、を供給する事業は、安全で安定的に供給できるよう進められていることや、地域の人々の健康な生活の維持と向上に役立っていることを理解すること。
思考・判断・表現	（ア）供給の仕組みや経路、県内外の人々の協力などに着目して、飲料水、電気、ガスの供給のための事業の様子を捉え、それらの事業が果たす役割を考え、表現すること。

　上記の内容にあるように、第4学年で重要インフラである「電気」についてその必要性や安定的な供給の仕組み・経路、電気事業が果たす役割、さらには環境保全への取り組みまで設定されている。ただし「選択学習」という位置づけで、配当時間も設定されていない。選択しなければ電気事業の学習が行われない。また、4年の学習内容として公的役割としての電気の位置づけであるため、くらしを支える産業としての捉えが弱いように感じられる。そこで本単元では、インフラとしての電気事業について学ぶことはもちろんのこと一産業としての電気事業を探究するため、第五学年の社会科での「日本の工業」の学習で以下のように位置づけをした。

資質・能力	「電気」に関する学習内容
知識・技能	（ア）我が国の電気事業の概要を捉え、それを支える人々の工夫や努力、電気事業が国民生活の向上に重要な役割を果たしていることを理解する。 （イ）エネルギー自給率（貿易や運輸を含む）や地球温暖化、それぞれにかかわる各発電のメリット、デメリットなど我が国の電気事業が抱える課題について理解する。 （ウ）課題解決のための工夫や努力、新しい技術などについて理解する。 （エ）地図帳や地球儀、インターネットなどのICT機器の活用、各種の資料を通して調べ、まとめる。

| 思考・判断・表現 | （ア）日本で行われている発電の種類やその改良、新しい発電方法などに着目して、電気事業の概要を捉え、電気事業が国民に果たす役割を考え、表現する。
（イ）発電の工程、各発電方法のメリット・デメリット、課題解決への優れた技術、更には電力各社相互の協力関係などに着目して、電気産業に関わる人々の工夫や努力を捉え、その働きを考え表現する。
（ウ）外国との関わりに着目して、貿易や国際関係の様子を捉え、それらの役割を考え、表現する。 |

　なおこの学習については、工業生産の学習として「自動車工業」について学習した後、選択学習（配当時間なし）として位置づけられている「鉄鋼業」に置き換えて学習を進めた。

2. 実践の構造

　「電気事業」を工業生産として、自動車産業での学習を参考に、上記の目標で実践を行った。全学習時間を12時間としたが、すべてを社会科の時間で行うのは難しく、また総合的な学習の時間で国際理解や環境学習の内容が位置づけられていたため、その時間を使い、社会科6時間、総合的な学習の時間6時間で行った。教科での学習を生かしその発展として総合的な学習の時間を生かした。以下が全体計画である。

過程・時間	学習活動
ふれる つかむ （2時間）	(1) 身近に利用している電化製品を考え、私たちの生活と電化製品の利用について考え、整理する。 (2)「白熱球、ＬＥＤ電球発光比較機」と「手回し発電機」を使い、発電についての基本的な知識を整理する。 (3)「エコワット」を使い、身近な家電のおおよその消費電力量、排出二酸化炭素量を調べる。
たてる （1時間）	前時の実験から、私たちの生活が大量のエネルギー（電力）消費によって成り立っていることについて考え、エネルギーの大量消費によって起きている諸課題について、調べ、解決を創造し、表現する計画を立てる。 ・地球温暖化と二酸化炭素　・従来発電（火力・水力等）の長所・短所 ・原子力発電の長所・短所　・再生可能エネルギーの長所・短所 ・エネルギー自給率の問題
調べる （4時間）	前時で整理した探究する課題（5つ）ごとにグループに分かれ、どこに課題があり、その課題がどうして起きているのか、その解決のためにどんな努力がされているのか、自分なら課題をどのように解決していくか等を調べ、検討し合い、創造していく。
まとめる （3時間）	(1) 調べたことを簡単（画用紙）にまとめ、中間発表を行い、友達からの意見を整理しより良い発表用紙作成の計画を立てる。 (2) 各グループで調べたことを、中間発表での友達の意見も踏まえて、表現（表記）の仕方を工夫しながら模造紙にまとめる。
生かす （2時間）	(1) 各グループで整理した模造紙を各ブースで、プレゼン形式で発表し合い、それぞれの課題についての理解を深める。 (2) より深めたい課題について全員で探究していく。

3. 実践の流れ

　前述したように、この学習は「自動車工業」の学習の後に選択学習として行った。そのため、児童は学習の流れをよく理解しており、自分たちで学習を進めることができていた。

(1) 生活を支える「電気」

　導入（ふれる・つかむ）では、身のまわりで利用している電化製品を列挙し、利用の仕方やどれくらい利用しているかを「エコワット」という機器を使い、電気によって私たちの生活が支えられていることとその利用において大量の電気を利用していることを理解した。そのうえで、電化製品を利用するための電気の安定供給を理解するため「白熱球・L

ED電球発光実験器」と手回し発電機を使って明かりをつけ続ける実験を行った。この実験で明かりをつけることはできるが、常時つけ続けることの大変さを知ることができた。また、電気器具によって消費電力が違うことも手回し発電機の抵抗感から感じ取ることができた。子どもたちは「ついた！」の喜びの後、「続かない！」「きつい！」と利用し続けることの大変さを表現していた。この導入において電気事業の根幹となる「電化製品を利用するには一定の安定した電気が必要で、その一定した発電には膨大なエネルギーが必要である」こと、また「エコワット」を利用することで電気器具によって消費電力が違うことを具体的数値で理解することができた。

(2) エネルギーの大量消費が生み出す課題

　「たてる」の過程では、前時で学習した、私たちの生活が電気の利用によって支えられており、欠かすことのできないエネルギーであること。また現在の生活がエネルギーの大量消費を生み出していることを念頭に、その大量消費によってどんな課題が起きているのかを、電力事業を通して考え、全員で出し合った。その中で一番に挙げられた課題は「地球温暖化」で、内容はともかく、全児童が「地球温暖化」の言葉を聞いたことがあり、その原因として二酸化炭素が関係していることは知っていた。ただし、発電（電力事業）との関連については曖昧な児童が多かった。

　第2（従来の発電）・第3（原子力発電）・第4（再生可能エネルギー）の課題は、第1の課題に関連して、発電方法（電力事業）それぞれのメリット・デメリットという考えで整理した。なお、従来の発電として原子力発電は考えることができるが、火力や水力とのメリット・デメリットの違い、エネルギー自給率との関わり、社会的関心の違い等を子どもたちと一緒に考え、課題として分けた。また、期待の高い再生可能エネルギーについて

もその性質の違いから、これからのエネルギーと分けて考えることにした。児童の中では、原子力発電自体知らない児童も多く、知っていても「怖い・危険」なイメージしかない児童がほとんどであった。その反面、再生可能エネルギーについてはクリーンなイメージが強く、デメリットがあると考える児童は全くいなかった。

　第5の課題として挙げたエネルギー自給率については、「自給率」という言葉自体を知らない児童が多く、例として食糧自給率の考え方を挙げながら説明し、その課題自体の存在をつかむことから始めた。つまり第5の課題は児童から出てきた課題ではないが、その重要性や解決していかないといけない喫緊の課題として、教師から投げかける形で課題として取りあげるようにした

(3)　課題の理解と解決への探究

　「調べる」では、それぞれの課題について、どんな問題を抱えているのか、なぜその問題が発生しているのか、問題解決のためにどのような努力がされているのか、自分たちの考える解決方法等を調べたり、話し合ったりして探究していく活動を行った。「自給率」については、貿易の問題や輸出国との関係、航路の安全など国際問題が関係してくる点で

非常に難しく苦労している様子が見られた。輸出国との関係については、その国に悪いイメージを持ちかねないので十分に注意し、それぞれの国に考え方があることを理解したうえで、国際関係を理解していくことが大切であることを助言しながら進めさせた。

　「まとめる」の過程では、発表内容をより充実したものにするために中間発表を行い、自分たちの発表内容について他者の意見を聞き、改善する時間を設定した。発表内容の良かった点を赤の付箋に、よくわからない、改善が必要な点を青の付箋に記入し、それぞれのグループに渡す活動を通し、他者の意見や考えを正確に聞き取り、自分の意見を簡潔に表現する場になった。また、受け取った意見について必要な意見、必要でない意見の選択や意見に対してどのような改善をしていくかなどを考える場にもなり、児童の

一生懸命考える姿が見られた。最終発表会では、自分たちの調べた内容とそれに対する自分たちの考えが伝わる表現をするように指導した。グループによっては、まとめた用紙に加え、パワーポイントを準備し、写真やデータを提示しながら発表する様子も見られ、表現を工夫する活動になった。ただ、模造紙の活用については、

課題同士の関係整理

他教科でも数回行い、グラフや図を用いて、わかりやすい表現・趣旨の伝わる表現をするように指導してきたが、まだまだ改善の必要性があるように感じた。

　最終発表後、エネルギーに関するそれぞれの課題が単体で存在するのではなく、複雑に絡み合って解決を難しくしていることを理解するために、課題の関係整理を行った。この活動は今までの学習でも必ず行ってきた。自分たちの調べた発表だけでは、ある一面を捉えるだけだが、それぞれの関係をつなげていくことで、多面的に物事を捉えることができるようになり、総合的に問題の解決を考える場になった。

(4) 新しい探究へ

　「生かす」過程では、「まとめる」の過程で、まだまだうまく理解できないとしてあげられた地球温暖化のメカニズムや原子力発電の放射線・地層処分問題について全員で探究する活動を行った。地球温暖化については、空気と二酸化炭素に白熱球の光を当て温度上昇を比べる実験をし、その違いを確認した。原子力発電で懸念される「放射線」と残った「ゴミ」の処分方法「地層処分」については、文科省から出されている放射線学習の副読本と「かがやけ！ みんなのエネルギー」を基本に、ワークシートや実験（霧箱、ガイガーカウンター）を準備し、理解を深める活動を行った。

4. 実践の評価

　今回の実践では、前述したように第5学年の「工業生産」の学習として位置づけられている「自動車工業」の学習後、選択学習として電力事業を加えて学習を行った。学習では、電力事業が抱える課題を中心に探究を進めたが、いろいろな発電事業の様子やその事業にかかわる人々の様子、電力と生活の関係等を学習したうえ、課題を捉えることが社会科らしい展開だったように思える。今回の学習では少し「課題ありき」で学習を進めた感が否めない。社会科は人の営みやその歴史、社会の形成等を学習する教科なので、総合的な学習の時間の目標に近い展開になったように感じる。

4学年では、残念ながら電気は選択学習に位置づけられ、配当時間も設定されていない。多くの学校ではほとんど触れられない内容であろう。しかし、その基本的な発電から私たちの生活利用までの発電−送電の学習がなければ、5学年の工業生産の中に電力事業を加えても、スパイラルな学習にならないので理解が浅いように感じられた。また時間的な制約も大きいように思われる。

今回の学習では、総合的な学習の時間も活用し、十分な学習時間を確保することがで

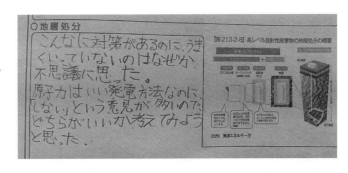

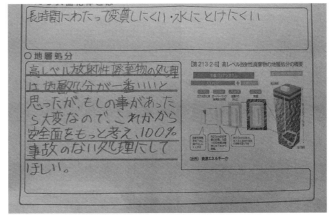

きた。その結果、右のまとめワークシートに見られるように、自分で課題がどこにあるのか考えるようになり、また他人がどのように考え、意見をまとめているか耳を傾け、自分なりに考えを整理していこうとする様子が多く見られた。今後は、この児童が考えるように「なぜうまくいっていないのか」を考える授業の展開も考えていきたい。また「ベストミックス」の考えを理解し、自分なりのベストミックスを考える授業を考えていきたいと考える。

日本の輸入の特色
～エネルギー資源の輸入から未来を考える～

山野元気（八尾市教育委員会事務局教育センター）

1. 実践の意図と目標

　本単元では良質なエネルギーの安定供給について考える。日本のエネルギー資源の多くは海外からの輸入に依存し、自給率は11.8%（2018年）である。また、そのエネルギー資源は偏在している。その輸入されたエネルギーのおかげで工業生産が支えられ、便利な生活を送れていることを知り、エネルギーの安定供給の重要性を理解させたい。

　さらに、エネルギー問題は日本と輸入国の問題だけでなく、他国同士の社会的な情勢により世界全体が大きく影響を受けることについても理解しなければならない。

　本単元では、安定供給を短期的、長期的の両面について考えることで、今の生活だけでなく未来も持続可能な社会をつくるために、エネルギー資源の分散化及び輸入先の分散化の視点をもってこれからの輸入について考えられるようにしたい。

　また、資源に乏しい日本が先進国として発展できたのは高い技術力があったことを学び、エネルギーの分野でも新技術を開発していこうとする素地を養いたい。

　以上に基づき本単元の目標は、社会科としての目標を踏まえるとともに、エネルギー環境教育としての視点を盛り込んで、以下のように設定した。

知識・技能	交通網の広がり、外国との関わりなどについて、各種の資料で調べて、必要な情報を集め、読み取り、貿易や運輸の様子を理解する。 資源の乏しい日本にとって、貿易や運輸は原材料の確保や製品の販売などにおいて、工業生産を支える重要な役割を果たしていることを理解する。 エネルギー資源は有限であることに気付き、エネルギーの安定供給が工業生産や豊かな生活を支えていることを理解する。
思考力・判断力・表現力等	日本の現状や外国との関わりなどに着目して、問いを見い出し、貿易や運輸の役割について考え表現している。 エネルギーの視点も含め、貿易や運輸と工業生産を関連付けて、貿易や運輸が工業生産に果たす役割を考えたり、これからの貿易の発展について自分の考えをまとめたりして、適切に表現している。
学びに向かう力	貿易や運輸について、予想や学習計画を立て、学習を振り返ったり見直したりして、学習問題を追究し、解決しようとしている。 グローバルな視点で平和的な資源確保の重要性を自分ごととして考えようとしている。

2. 実践の構造

目標の達成に向けて、次のような単元構成とした。

時	学習テーマ	主な内容	目標とのかかわり
1	食料や原料、製品の輸送について考える。	資料やインターネットを活用し、日本の食料や原料、製品の輸送について調べる。	知識・技能 思考力・判断力・表現力等
2	日本の輸入の特色～エネルギー資源の輸入から未来を考える～	日本の輸入の特色を知り、資源エネルギーの安定供給が工業生産や豊かな生活を支えていることを踏まえ、自分ごととして将来について考える。	知識・技能 思考力・判断力・表現力等 学びに向かう力・人間性等
3	日本の輸出の特色、貿易のはたらきについて考える。	資料をもとに日本の輸出の特色や貿易のはたらきについて調べる。	知識・技能
4	これからの貿易について考える。	持続可能な社会の実現の観点を踏まえ、これからの貿易について考えたことを発表する。	思考力・判断力・表現力等 学びに向かう力・人間性等
5	大工場と中小工場、高い技術と工場のつながりについて考える。	大工場と中小工場、中小工場の多い大阪府東大阪市について、工場同士のつながりや違いに着目し、調べたことをまとめる。	知識・技能 思考力・判断力・表現力等
6	社会の変化や新しい工業産業の発展をめざす取り組みについて考える。	社会の変化に合わせてどのような工業生産がつくられているのか調べる。 既習を活かし、これからの日本の工業生産の発展に必要なことを考え話し合う。	知識・技能 思考力・判断力・表現力等

また、日本の輸入の特色～エネルギー資源の輸入から未来を考える～の指導案及びワークシートは以下の通りである。

	学習活動	指導上の留意点
導入（5分）	1．生活を支えるエネルギーを確認する。 ①今の生活で便利なもの TVゲーム、スマホ、ガスコンロ、車 ②その材料やエネルギー プラスチック・・・石油 電気・・・石油、石炭、天然ガス（発電所） ガソリン・・・石油	便利な生活を支えるものを動かすエネルギーは石油・石炭・天然ガスであることをおさえる。 「くらしと石油製品」について選択していない場合は、資料を提示する。（かがやけ！みんなのエネルギー p.32）
展開①（20分）	2．エネルギー別の輸入先やその特徴を調べる。 ①今の生活を支えるエネルギーの輸入先 石油→サウジアラビアなど中東 石炭→オーストラリア・インドネシア・ロシア 天然ガス→オーストラリア・マレーシア・カタール・ロシア ②生活を支えるエネルギー輸入割合 エネルギー自給率9.6％から、約90％が輸入に頼っていることに気付く。	かがやけ！みんなのエネルギー p.36を使って調べる。 ①資源エネルギーはほぼ輸入である ②資源は有限である。 かがやけみんなのエネルギー p.39を使って調べる。 消費量は世界5位であることにも触れる。

展開②（15分）	3．持続可能なエネルギーの安定供給について考え、話し合う。 ①輸入ができなくなる原因 外交問題、自然災害、資源枯渇など、輸入ができなくなる原因を考える。 ②その対策 平和的外交、備蓄、輸入先開拓、資金獲得、新エネルギー開発など全体で交流し、考えを深め合う。	様々な原因とその対策を全体で深め合う。 ①戦争・・・外交、平和持続、別の輸入先開拓 ②枯渇・・・省エネ、新エネルギー開発 ③資金不足・・・経済力を高める、安価エネルギー源転換 ④自然現象・・・備蓄　設備補強
まとめ（5分）	4．これからの未来を考え、発表する。 ①自分ができること 今の生活を維持するために、自分ごととして平和、省エネ、富国の重要性について考える。	今の勉強は未来とつながっている。 省エネ以外で考えさせたい。

①今の生活を便利にしているものについて考えよう。

便利なもの	材料	動かすエネルギー
（例）テレビ	プラスチック　ガラス	電気

②エネルギーの輸入先を調べよう。（かがやけみんなのエネルギー P36）

エネルギー	主な国名	まとめ①
石油		
石炭		
天然ガス		

③もし〇〇が起きたら・・・。〇〇になったら・・・。

輸入ができなくなる原因	どうすればエネルギーが使える

まとめ②

④今日からわたしができること（省エネ以外で考えてみよう）

3.実践の流れ

1．食料や原料、製品の輸送について考える

　資料の情報から、食料や原料、その他の製品の輸送について調べる。国外の輸出はほぼ船で輸送していることや、国内の輸送は90％が自動車を使っていることから、製品そのものの輸送だけでなく、輸送に伴う交通網の発達や、燃料である石油の輸入の必要性にも気付く。

2．日本の輸入の特色 〜エネルギー資源の輸入から未来を考える〜

①生活を支えるエネルギーを知る

　今の生活で便利なものを話し合い、その原料やエネルギーについて考える。児童が便利と考える「TVゲーム」「スマホ」「ガスコンロ」「車」などの材料やエネルギーは「プラスチックは石油」「電気は石油、石炭、天然ガス（発電所）」「ガソリンは石油」と石油、石炭、天然ガスが大きくかかわっていたことに気付いた。

②エネルギー別の輸入先やその特徴を知る

　今の生活を支えるエネルギー資源の輸入先を調べることで「石油はサウジアラビアなど中東に大きく依存している。」「石炭はオーストラリア・インドネシア・ロシアの３地域から主に輸入している。」「天然ガスはオーストラリア・マレーシア・カタール・ロシアの４地域から輸入している。」ことに気付いた。また、生活を支えるエネルギー資源の約90％は輸入に頼っている日本の現状を理解した児童は「石油は１つの地域からの輸入なので、もしこの輸入先からの輸入が止まれば、石油に関わる工業や輸送が止まってしまう。」や「輸入されたエネルギーで、日本の社会は支えられているんだ。」とエネルギー資源の輸入の重要性に改めて気付くことができた。

③持続可能なエネルギーの安定供給について考える

　持続可能な社会の実現のため、「輸入ができなくなるときはどんなときか？」を考えた。児童は「戦争になったとき。」「仲が悪くなったとき。」「値段が高くて買えなくなったとき。」「台風などで船が出せないとき。」「石油がでなくなったとき。」など、様々な可能性を考えた。その考えを「外交問題」「価格高騰」「自然災害」「資源枯渇」と分類し、それぞれの対策について話し合いをした結果、以下の通りとなった。

輸入ができないとき	対　策
戦争や対立などの外交問題	普段から仲良くする。 別の輸入先を探す。
値段が高くなる（価格高騰）	日本がもっとお金持ちになる。 別のエネルギー源を探す。
台風や津波などで港が壊れる（自然災害）	タンクなどに貯めておく（備蓄） 壊れない頑丈な港（設備強化）
石油が出なくなる（資源枯渇）	新エネルギーを見つける（技術革新）

　児童は話し合いを進めることで、「日本はエネルギーの輸入のおかげで今の生活があるから、普段から平和的なかかわりが必要だ。」や「そもそもエネルギーの輸入に頼りすぎていることが問題だから、エネルギー自給率をあげていけば、根本的な解決になるんじゃないの？」「新エネルギーや新技術を開発する研究に力を入れることが日本にとっては大切だ。」など、日本の特徴を踏まえたうえで、将来についても考えるなど、学習を深めることができた。

④これからの未来を考える

　この学習を通して、今の生活を維持するために自分ができることを考えた。

3．日本の輸出の特色、貿易のはたらきについて考える

　日本と貿易をしている国について調べる。中国とアメリカの貿易が多く、アジアとも貿易で深くつながっていることを理解したうえで、貿易による問題について調べる。資源の豊富な中国とアメリカは消費量が高いにもかかわらず、エネルギー自給率はほぼ100％であることを知り、日本との違いを理解する。

4．これからの貿易について考える

　貿易摩擦により、外国に工場を移して生産することにより、賃金の安いアジアへの工場移転が増え、産業の空洞化が進んできたことを知り、自由貿易のメリットとデメリットについて考える。また、原子力発電停止により、電力コストの上昇によって電力多消費型の産業が海外に移転している現状についても触れる。

5．大工場と中小工場、高い技術と工場のつながりについて考える

　日本製の製品が高品質の理由を調べることで、大企業からの発注に対して、高い技術の中小企業同士が協力して部品を作り、身近な製品が完成されていることを知る。高い技術力をほこる中小企業が集まって我が国の工業生産を支えていることを知り、STEAM教育であるテクノロジーやエンジニアリングについての価値を見直す。また、その中小企業を支えるためのコスト削減や省エネについての国の補助金があることについても知る。

6．社会の変化や新しい工業産業の発展をめざす取り組みについて考える

　少子高齢化社会やソサイエティ5.0、SDGs及び脱炭素社会などの社会のニーズに応じた工業生産について考え、グローバルな視点での今後の日本の工業生産について調べる。

4. 実践の評価

　実践を通して児童の感想は

「エネルギー問題は、今の日本の危機なので、みんなが真剣に考えるように広めないといけない。」

「生きているうちに起こりそうな、輸入が止まる問題だから、戦争にならないために平和教育や歴史の勉強をもっと真剣にする必要がある。」

「他国同士の戦争によって、日本が平和でもエネルギーの輸入ができなくなることがわかった。」

「ニュースでエネルギーのことをもっと伝えて、みんなが関心をもつ必要がある。」

「私たちがちゃんと勉強して、科学技術を進歩させていく。」

「科学技術の進歩に、もっと税金をかけていく必要がある。」

など、エネルギー問題を自分事としてとらえ、資源の少ない日本にとって、学力向上や技術革新の重要性に気付き、将来について真剣に考える児童が多くみられた。

　また、エネルギー環境教育の視点を踏まえたことで、平和的な資源の輸入や、社会情勢に巻き込まれた場合の、輸入資源や輸入先のリスク分散など、輸入についての学習を深めることができた。

　脱炭素社会や、持続可能な社会の実現に向けて、エネルギー環境教育の推進を今後も推進していきたい。

<参考文献>

山下宏文編「持続可能な社会をめざすエネルギー環境教育の実践」、国土社、2009.

電気の性質やその利用について理解を深める

古澤拓也（大分市立大在小学校）

1. 実践の意図と目標

　この実践は、平成20年版学習指導要領の理科第6学年に「電気の利用」が新しく設けられた折、先行実践として平成20年度に行った実践である。実践例としては前学習指導要領下ではあるが、現在の学習指導要領でも続けて位置づけられており、現在の学習指導要領を踏まえた評価も行えるので今回取り上げることにする。なお、当時は鹿児島県の教員をしており、教科書は「東京書籍」であった。現在は大分県の教員なので「大日本図書（私たちの生活と電気）」の教科書を使用している。

　この実践は、それまで学習内容になかった「発電」や「電気の利用」についての内容が新設され、その実践をどのように行うかが検討される中で、当時所属していた任意研究団体の研究授業として行った。当時の研究団体でもよく話題になっていたことが、今も理科において最も課題とされている「理科の有用性について児童、生徒があまり感じていない」という全国調査の結果をどのように改善していくかである。その点で前回の学習指導要領の改訂内容は、より生活との結びつきを重視することで電気の重要性や生活での生かし方を学習し、電気について理解を深める意図があると考える。

　平成20年版学習指導要領の第6学年の目標とその学習指導要領で新しく位置づけられた内容は以下のとおりである。

第6学年の目標	燃焼、水溶液、てこ及び電気による現象についての要因や規則性を推論しな がら調べ、見いだした問題を計画的に追究したりものづくりをしたりする活動を通して、物の性質や規則性についての見方や考え方を養う。
解説	「A（4）電気の利用」については、手回し発電機などを使い、電気の利用の仕方などを推論しながら調べ、電気の性質や働きをとらえるようにする。
内容	手回し発電機などを使い、電気の利用の仕方を調べ、電気の性質や働きについての考えをもつことができるようにする。 ア　電気は、つくりだしたり蓄えたりすることができること。 イ　電気は、光、音、熱などに変えることができること。 ウ　電熱線の発熱は、その太さによって変わること。 エ　身の回りには、電気の性質や働きを利用した道具があること。

　この学習指導要領の目標や内容を踏まえて、電磁石の学習後、先行学習として発電や電気の利用学習の目標を次のように設定した。（評価観点は平成20年版学習指導要領に基づ

く）

観　点	目　標
関心・意欲・態度	①発電方法や電気の利用の仕方に興味・関心をもち、主体的に発電の仕組みや電気の性質、働きを調べようとしている。
思考・判断・表現	①発電の方法や電気の性質、働き、生活での利用の仕方について考え、推論しながら追究し、表現している。
思考・判断・表現	①発電の方法や電気の性質、働き、生活での利用の仕方について調べる方法を工夫し、各発電器具や手回し発電機を適切に使って安全に 実験をしている。
知識・理解	①電気は、つくりだしたり蓄えたりすることができることを理解している。 ②電気は、光、音、熱などに変えることができることを理解している。 ③身の回りには、電気の性質や働きを利用した道具があることを理解している。

2. 実践の構造

　これまで（平成10年版学習指導要領以前）は第6学年では電気について、「電磁石」の学習を行ってきた。平成20年版学習指導要領では「電磁石」は第5年生に移行し、第6学年では新しく「電気の利用」として生活と電気のかかわりを探究していく学習が取り入れられた。この学習内容は新学習指導要領でも引き継がれ、学習が進められている。今回の実践は前述したように、「電気の利用」の学習が始まる前に行ったものなので、単元としては「電流のはたらき（電磁石）」の中（続き）で「発電」と「利用」について行った授業実践である。全体計画は以下のとおりである。

　単元名「電流のはたらき＋電気の利用」（全10時間）

学習過程	主な学習内容
一次 ふれる つかむ（3）	1．手作りコイルモーターを見せ、手作りコイルモーターを自分で作成する中で、なぜ回るのか回る理由を考え、友達と話し合う。 (1)　コイルに電流が流れるとコイルに何が起こるのか。 (2)　コイルの下に永久磁石があるのはなぜか。 ・・・ 2．導線で輪（コイル）を作り、乾電池から電流が流れると輪（コイル）が回る。電流と置いた永久磁石の関係から電磁石に気づき、全員で確認しながらまとめる。
二次 たてる 調べる（4）	1．電磁石について電気が流れると磁石になるのなら「磁石のはたらき・性質」と「電気のはたらき・性質」どちらも持ち合わせているのではないかという課題を設定する。

まとめる（1）	（1）磁石のはたらき・性質 ・鉄を引き付ける。（離れていても引き付ける。） ・Ｓ極・Ｎ極がある。（異極は引きつけ合い、同極は退け合う） ・磁石の性質はなくならない。（常に磁石の状態） （2）電気のはたらき・性質 ・電気が流れるとはたらく。（ＯＮ、ＯＦＦができる） ・電流の向きを変えるとはたらきが変わる。（逆のはたらき） ・はたらきの大きさを変えることができる。（強く、弱く） ※はたらきの大きさを変える実験には、電流の強さを変える場合とコイルの巻き数を変える場合がある。実験の方法として、条件制御の整理、電流計の使い方などを押さえる。 2．実験の結果から、電磁石のはたらきと性質について整理し、まとめる。
三次生かす深める（2）	1．手回し発電機の利用から発電の仕組みについて課題を設定し、各発電方法の模型を用いて、すべてに共通している仕組みを追究する。 （1）水力、火力、風力（それぞれ模型）、手回し発電を使い発電し、明かりをつけたりおもちゃを動かしたりするなかで、モーターを回すことで発電していることを理解する。 （2）手回し発電機を使って、自分で発電した電気でいろいろなはたらきをさせ電気には、いろいろな利用の仕方があることを理解する。

3.実践の流れ

（1）コイルモーターの仕組み

　理科において導入（ふれる・つかむ）
は、事物・現象との出会いの場面であ
り、非常に重要な場面になる。今回は、
コイルモーターとで合わせ、コイルモー
ターがなぜ回るのか、その原理を自分で
も作成しながら探究していく活動を行っ
た。まずは、まったくヒントを与えず、
見本の模型を見ながら作成していく。第
3学年の「明かりをつけよう」の学習で

電気が「輪」のように流れると明かりがつくことを理解しており、乾電池が使われている
ことから、電気のはたらきが必要であることに気づいていた。また、下部に永久磁石を置
いていることから磁石が何らかのはたらきをしていることに気づく児童も見られた。特
に、コイルモーターの両腕（右と左に伸びた導線）の被膜の削り方によって永久磁石との
退け合う力が生まれ「跳ねる」ような動きがみられると磁石の同極同士の反発を想起し、
コイルが磁石のはたらきを持つことに気づく児童が見られた。その後、導線の被膜の削り
方など詳しい説明をし、全児童完成すると、ものづくりの実感から電磁石への高い興味・
関心が見られた。

（2）電磁石のはたらき・性質

　「たてる」の過程では、電磁石が「電気が流れると磁石になる」ということから「磁石

のはたらき・性質」と「電気のはたらき・性質」を両方持っているのかを探究していく学習を行った。ここでの学習は、私たちの身近な道具・電化製品がその作り方によってはたらきを変えることができ、便利な利用の仕方をすることができることを理解することができた。特に電磁石が「電気のはたらき・性質」

・電気が流れるとはたらく。（ＯＮ，ＯＦＦができる）

・電流の向きを変えるとはたらきが変わる。（逆のはたらき）

・はたらきの大きさを変えることができる。（強く、弱く）

を持つことを探究していく学習は、平成20年度の学習指導要領以降の「電気の利用」に深く結びつく学習で生活に生かされる電気の学習をすることができた。電磁石については、リニアモーターカーなど最先端技術としても利用されているので、興味・関心を高める「まとめ」をすることができた。

(3) 電気の利用

　ここからの学習は平成20年度に改訂される前の学習指導要領にはなく、実践当時では「発展」の学習にあたる。これまでの学習で豆電球を始め電磁石の学習で電気がいろいろなことに利用されていることは学んでいる。そこでその電気はどのようにしてつくられているのか（発電の方法）という課題から、自発電とその電気の利用へと学習を進め、電気が身近なものであることを探究する学習を進めた。

　学習の導入では、各発電所の投影された写真を観察し、そこで何（発電）が行われているか、どのようにして（エネルギー源）行われているか意見を出し合い、私たちが身近に利用している電気の「始まり」への関心を高めた。導入時では、写真から水力発電のエネル

ギー源である「水」や火力発電の「石油」「ガス」、風力発電の「風」などの知識をもっていることが分かった。しかし、そのエネルギー源を使ってどのようにして発電しているかの疑問には全く答えられない状態であった。「電気をここで（教室）で発電できるか」の

質問にも首をかしげる児童がほとんどで、出てきた意見も「ここで発電はできない」「何か特別な装置が必要」というものであった。

　この児童の意識から、発電そのものを学習することはとても意義深く、現在のエネルギー問題を探究するうえでは、欠かすことのできない基礎知識と考えられる。授業では、児童の学習意欲を高めるために、中身を見えなくした手回し発電機を使い、ハンドルを回すとプロペラが回ったり明かりがついたりする様子を見せた。児童は発電が目の前で簡単にできていることを実感し、「手回し発電機の中身はどんな仕組みになっているのだろうか」という探究していく課題へと意欲を高めていた。

　この課題を解決するために火力、水力、風力の発電所模型と手回し発電機を準備し、どうやって発電しているのかを調べる活動を行った。

　発電所模型では、できるだけブラックボックスをなくすために、アクリル板を土台にし、すべてを「見える化」して「モーター」に気づかせるようにした。ちなみに、教材研究としていろいろなモーターで実験したり、「はね（ペラ）」の形や大きさも色々と工夫し

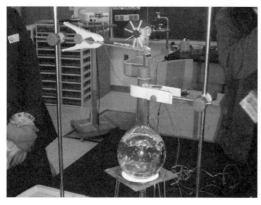 

たりした。モーターは発電用モーターやソーラーモーター等実験したが、発電力や初動の抵抗など難しくなかなかうまくいかなかった。そんな中、教材研究で購入した雑誌「大人の科学」の風力発電編に附いている小型モーターの性能が抜群に良かった。ただしこのモーターは交流モーターなので、身近な電化製品（おもちゃ）に利用するには「ブリッジ」などの電子部品をつなぎ、直列電流に変換しないといけない。水力発電では回転数を増やすために「プーリー」を利用するとよい。ＬＥＤ豆電球をつけるなら定電圧電球で「0.8Ｖ」発電すれば明かりをつけることができる。

　この実験の際、電気をより身近なものとして実感するために、自分のおもちゃ（電池1、2個で稼働）を準備させ、発電模型につないで稼働させた。自分でつくった電気で自分のおもちゃを稼働させる体験から、笑顔で探究を進める児童の様子が多く見られた。当時は、ここで学習を終わらせている。

4.実践の評価

　今回の実践では、エネルギー環境教育の基本となる「発電」について行った。平成以降特に学校教育での環境への意識や内容が重視され、理科でも平成20年度の学習指導要領の改訂で第6学年に「電気の利用」が新しく設定された。これは私たちのくらしを支える電気をどのように活用していくか、環境との兼ね合いを考える基礎学習になると考える。子どもたちは、日頃使っているおもちゃを利用し、自分で発電していることから、実感を伴って理解することができていた。長い時間を使って、自分たちで考えながら追究活動を行っていたので、「科学的な見方や考え方」を高めることができたと考える。

　この実践の翌年度には、「電気の利用」が本格実施になった。本格実施での内容はこの実践に加え、器具によっての消費電力量の違い、コンデンサーを利用した蓄電、電熱線での発熱量の違いなどが加えられている。

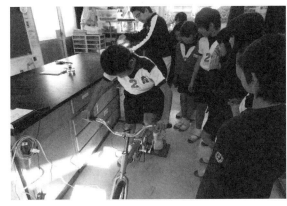

　翌年の授業実践では、発電学習の発展として、自転車での発電活動を導入し、発電はできるがその発電を維持していくことの難しさや利用する電気量が増えるほど負荷がものすごく増えることを体感させた。また、白熱球と蛍光灯、ＬＥＤ電球の消費電力の違いを体感する実験道具も作成し、身近な生活での「エコ」への意識を高める活動も行った。この学習を通し実感したことは、児童の意識の中で、前学年までの電気の学習と実生活との関連をより深めなければならないと感じた。身近な生活で生かされることを学ぶ時の児童の生き生きとした姿が大切だと感じた。

　新学習指導要領では、プログラミングを生かした電気の利用などが知識・技能として求められている。プログラミングを生かした学習については今後研究を深める必要がある。

　思考力・判断力・表現力及び主体的に学習に向かう態度については、学習で得た知識・技能を生かし、くらしを守る・環境保全への妥当な考えをもたせ、実践へとつなぐことが大切になると考える。

エネルギーのベストミックスを考え、「思考のバランス感覚」の育成を目指す

古澤拓也（大分市立大在小学校）

1. 実践の意図と目標

　この実践は、第6学年理科の最終単元として設けられている「生物と地球環境」（大日本図書）での実践である。この単元にはこれまで学習してきたことを踏まえ「地球環境を守る」という調べ学習が設定されている。そこでこの単元の前単元「私たちの生活と電気」での学習を踏まえ、「私たちのくらしと電気〜ベストミックス〜」という小単元を設け学習を行った。時数については、年間の計画で少しずつ学習を早めて行い確保した。実践目標を設定するに当たっては、現代社会が必要としている力と本校が目指す教育目標から、エネルギー教育のねらいを絞り、学習の重点を明らかにした。そのうえで子どもたちの実態を考え、具体的実践目標を設定した。単元の目標（実践目標）は以下の通りである。

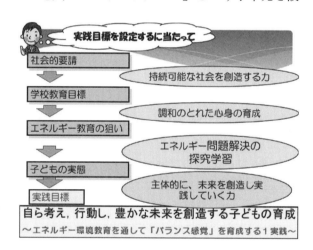

主題	自ら考え、行動し、豊かな未来を創造する子どもの育成
資質・能力	目標
知識・技能	日本のエネルギー環境について、地球環境やそれに伴う様々な発電方法の課題を模擬実験や資料を活用する中で、ベストミックスに着目し、それらを多面的に調べる活動を通して次の事項を身に付けるようにする。 ・エネルギーの安定的供給には、ベストミックスの考えが必要であること ・日本のエネルギー自給率が非常に低く、安定供給には自給率の向上が欠かせないこと ・火力・水力・原子力・風力・再生可能エネルギー等それぞれの発電方法にはメリット・デメリットがあること ・地球温暖化が多くの異常気象の原因と考えられていること。その地球温暖化と発電が深く関係していること。

力思考力・表現力・判断力	・自分に必要な国際関係や貿易、気象に関するデータを見つけ、収集する技能をつける。 ・私たちの生活とエネルギー環境について追究する中で、私たちの生活とエネルギー環境との関わりについて、ベストミックスを踏まえた、バランスの取れたより妥当な考えをつくりだし、表現する。
学びに向かう力	・地球温暖化の問題やエネルギー自給率の問題解決について、情報を収集したり意見交換をしたりしながら粘り強く探究する中で、自分の探究に足りないものや考えを見直し、調整しようとする。

2. 実践の構造

　今回の実践は、第6学年理科の最終単元「生物と地球環境」の調べ学習の中に位置づけ、前単元の「私たちの生活と電気」の学習を繋いだ発展学習のため、本来なら両単元の学習過程も挙げるべきだが、内容が膨大になるため、調べ学習の小単元「私たちのくらしと電気〜ベストミックス〜」の学習過程のみ提示する。

　小単元名「私たちのくらしと電気〜ベストミックス〜」（全11時間）

学習過程 （時数）	主な学習内容
ふれるつかむ（1）	1．現在の電源構成と2030年の電源構成のベストミックスのグラフを見て、そこから見えてくる未来の日本について意見を出し合う。 　(1) 火力発電の割合が大きいことからどんなことが言えるか。 　(2) 2030年に向けて、再生可能エネルギーをもっと増やせばいいのに1/4（25%）程度なのはなぜか。 　(3) 原子力発電をまだするのか。 - 2．「エネルギーアカデミー」の動画を視聴し、現在の日本が抱えるエネルギー問題について概要をつかむ。 　(1) 状況を多面的に考えると、どうしてもベストミックスの考えが必要 　(2) ベストミックスの内容はまだ検討の必要がある。 　(3) ベストミックスを検討するには、いろいろな電源のメリット・デメリットを知らないといけない。
たてる調べる（4）	1．2030年度のベストミックスを創造する計画を立て、調べる。 　(1) ベストミックスの意味 　(2) 考えられる電源 　(3) 各電源のメリット・デメリット 　(4) メリット・デメリットの友達との共有 　(5) より難しい問題の確認と解明 　(6) 自分なりの2030年ベストミックス案（解説付き）の創造

共有整理（1）	1．各電源のメリット・デメリットを全員で整理する。 （1）火力発電・水力発電 （2）風力発電・太陽光発電 （3）原子力発電・地熱発電 ‥‥‥ 2．それぞれの電源のメリット・デメリットでより難しい問題（わからない点）を整理する。 （1）輸入航路の危険とは？　揚水発電とは？ （2）低周波音？　廃棄問題とは？ （3）放射線？地層処分？　増えない理由？
生かす深める（4）	1．下記のより難しい問題（わからない）について、解説書を調べたり実験で事象を確認したりして問題を明らかにし、全員で共通理解する。 （1）低自給率の危険性について、化石燃料の国際貿易上の問題や航路上の危険を専門書で調べ、発表し、全員で整理する。 　　揚水発電のメカニズム、1日における電源別発電量の調整の役割について動画を視聴し、全員で整理する。 （2）風力発電が出す低周波音の人体への影響、自然破壊の問題、期待される洋上風力について専門書を調べ、発表し、全員で整理する。 　　太陽光発電の20年問題（廃棄方法等）、森林伐採等についてインターネットを活用して調べ、発表し、全員で整理する。 （3）放射線の利用や危険性、高レベル放射性廃棄物の処分問題について専門書や実験で調べ、全員で整理する。 　　火山大国日本で期待される地熱発電の建設上の課題についてインターネットで調べ、発表し、全員で整理する。
まとめる（1）	1．各電源のメリット・デメリットを十分に理解したうえで、自分の考える2030年の電源ベストミックスを細かく理由付けまでして創造する。 ・円グラフで表し、それぞれの割合と理由を記載する。

3.実践の流れ

　今回の実践は、前述したように「私たちの生活と電気」で学習した生活と電気のかかわりに関する基本的な電気の性質についての理解を踏まえ、環境と電気の利用のかかわりを調べ学習の形式で学習を進めた。まずは、児童自身がどれくらい発電についての知識や理解を持っているのかアンケートを実施し、その状況を授業計画の参考とした。なお、このアンケートは授業前と授業後の児童の変容を見るアンケートではなく、あくまで現在の状況を知るための一資料としてのアンケートである。

（1）事前アンケートからの導入

　アンケートを見ると、自然エネルギーについてはやはり「環境に良い」というメリットを考えている児童が多く見られた。また、「人体等生物に良い」と考えている児童も多かった。注意が必要な点では、火力発電のメリットとして「国産」と考えている児童が多いこと、原子力発電の「環境に良くない」とデメリットとして考えていること、またエネルギー源（燃料）の入手に課題があると考えていることについては指導の注意点としてとらえた。以上の児童の状況を参考にエネルギーミックスの考えをとらえさせるため、今現在

日本がどのような状況にあるのか、どのような問題に直面しているのかを理解することから導入を行った。この導入には動画「エネルギーアカデミー第3回『日本のエネルギー抱える問題点』」を視聴し、大まかな日本の状況を理解したうえで、「エネルギーミックス」の必要性を理解できるようにした。動画の視聴で大まかな課題について理解することができたが、それだけでは自分なりのエネルギーミックスを考える情報が少なすぎるため、計画としてそれぞれの発電方法のメリット・デメリットを正しく理解・整理していくことを「たてる・調べる」過程で行った。

(2) 課題を明らかにし、計画を「たてる・調べる」

「ギガスクール」での実践もあり、児童はiPadをよく使って調べ上げていた。また、調べることが見えてこない児童はネット遭難しやすいので、「かがやけ！みんなのエネルギー」を参考にし、どんないいことがあり、どんな課題を持っているのかを整理するようにした。また調べたことを整理し、自分の考えを引き出しやすくするため、ワークシートを

準備し、調べ挙げたたくさんの情報を必要な情報だけまとめる作業を行った。そしてそれぞれの調べたことを全体で（黒板）整理し、共通理解を図った。子どもたちは、基本的な建設時の課題、発電時の課題、更にはエネルギー源（燃料）の課題、地球環境への課題などそれぞれが互いに絡み合って、より複雑な課題になっていることを少しずつだか感じ取っているようであった。

　それぞれの課題を整理する中で原子力発電に関する質問が多くあり、理解できていない点も多くあったので、時間をとり深めていくことにした。

(3) 各電源のメリット・デメリットを整理

原子力発電については、児童の多くは「とにかく放射線が怖い」と感じている。また発電後「核のゴミが出る」と調べている児童もおり、「放射線」についてと「地層処分」について、時間をとって整理していく展開を行った。

展開（深める）

まず、原子力発電の仕組みについて個々に調べ、その情報を持ち寄り、原子力発電と放射線についての関係を確認した。原子力発電では放射線を出すウランという物質をエネルギー源にしていること、また核燃料のリサイクルをしてもどうしても再利用できない５％ほどの高レベル放射性廃棄物がでることを理解した。そこで放射線について文科省から出されている「放射線副読本」と動画「放射線の知識と教養」を利用して放射線についての理解を図った。併せて、身近に放射線が存在することを理解するために霧箱実験とガイガーカウンターと線源を使った実験を行った。児童はこれまで平和学習の中で放射線について学習してきてはいるが、身近な存在としての理解をしていなかったので身近なものや空気中に放射線が存在していることに驚きを感じていた。この学習で感じたことは、放射線について「正しく怖がる」ということがほとんどできていないということである。平和学習では、放射線の危険な一面しか伝えておらず、恐ろしい点を非常に誇張して伝えているように感じる。確かに放射線は非常に恐ろしいもので命にかかわるものであるから慎重に考えないといけないものではあるが、理由もわからず、その影響のみを伝える状態でただただ「怖いもの」と理解させることは偏った理解につながるように感じた。その点では、今回の実感を伴った理解は中学校での放射線教育につながるものであり、放射線について納得を感じていた。その後、原子力発電のメリット・デメリットをもう一度整理する場面を設け、どうして原子力発電がおこなわれているのか、どうしてエネルギー自給率にとって原子力発電が大きな役割を果たすのかを考える学習を行った。

(4) 高レベル放射性廃棄物の地層処分

原子力発電の課題として外すことのできない「高レベル放射性廃棄物」の地層処分の学習を放射線学習の後に行った。地層処分について

は、いかに安全に高レベル放射性廃棄物を保管できるかが問題である。そこで、まずは地層処分について基本的な知識を得るため、「ＮＵＭＯ」が作成している学習用ＤＶＤを視聴した。このＤＶＤはよくできていて、これだけでも十分に内容を理解できるものである。また、人工バリアや天然バリアについて理解を深めるためにベントナイト実験を行い、実感を伴った理解を深めるようにした。

4. 実践の評価

　今回の実践は、児童に思考の「バランス感覚」を育てることを目的として実践した。それは現在の子どもたちが、すぐに答えを求めたがったり、端的に「いいか、悪いか」だけで物事を考えてしまったりする様子がよくみられるからである。「思考のバランス感覚」は、答えがあるものを学習していくのではなく、答えが明らかでない課題について自分なりの答えとその答えを出す過程において、多面的な情報を生かし、それぞれのメリット・デメリットから思考していくことを重要視することで育成することができると考える。今回はその題材として「エネルギーミックス」を考えていく実践であった。

　学習の最後に、自分なりの「エネルギーミックス」を考え、その理由を述べる学習を行った。すべての児童が「ベスト・ミックス」の重要性を理解し、一つの発電方法に絞るのではなく、まんべんなくいろいろな電源を選ぶようにしていた。またその理由についても、メリット・デメリットのバランスを考えた思考が見られた。今後、それぞれの考えのディベートで思考の深みを育成していくことを考えていきたい。

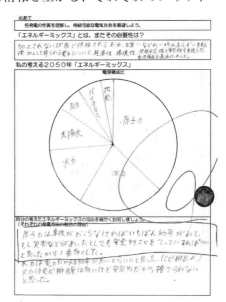

食べ物を通した生物のつながり
～エネルギーの視点からの食育へ～

山野元気（八尾市教育委員会事務局教育センター）

1. 実践の意図と目標

2021年度の日本の食料自給率はカロリーベースで38％。飼料自給率を反映した食料自給率は47％であった。一方、2021年度のエネルギー自給率は12.1％であった。児童生徒はもちろん、教職員にとっても目に見えないエネルギーより、目に見える食料の方が実感を伴って理解しやすい。

しかし、食料自給率には飼育、栽培、輸送等を含めてエネルギーの課題も大きく関わっている。そこで、理解しやすい食料自給率をきっかけにエネルギー・環境問題へつなげることは、エネルギー環境教育の普及につながると考えた。

また、教職員のみならず、学校栄養教諭や栄養士等、食に関わる専門家にもエネルギー環境教育の重要性を知ってもらうため、第6学年理科の「食べ物を通した生物のつながり」の単元をさらに深めるため、エネルギー教育の視点を踏まえた。

目標はできるだけ多くの学校や園でも環境設定できるように、「残さず食べる。ムダを出さない。地産地消」とした。

以上に基づき本単元の目標は次の通り、理科としての目標を踏まえるとともに、エネルギー環境教育としての視点を盛り込んで、以下のように設定した。

知識・技能	生物の関係について調べ、目的に応じて整理したり記録したりすることができる。 生物は空気を通して周囲の環境と関わって生きており、生物の間には食う食われるという関係があることを量の割合を踏まえ理解する。
思考力・判断力・表現力等	生物が、「食う食われる」という関係でつながっていたり、動物と植物が、空気を通して関わり合っていたりすること考え、人の生活を踏まえ表現する。
学びに向かう力・人間性等	食べるということを通して、生物どうしのつながりを多面的な視点をもって調べようとするとともに、日常でもフードロスやフードマイレージ等を考えてよりよい生活を送ろうとする。

2.実践の構造

目標の達成に向けて、次のような実践活動を織り込んだ。

時	学習テーマ	主な内容	目標との関わり
1	生物どうしのつながり	動物、植物が生きていくために必要なものは何かを話し合い、単元を通した問題を設定する。	知識・技能 思考力・判断力・表現力等
2	食べ物を通した生物のつながり① 自然界の食物連鎖	食べる、食べられるの関係を踏まえ、食物連鎖の数の割合を意識した生態系のピラミッドから気付いたことをまとめる。 それぞれにある食物連鎖の場面を考え、場面別に食物連鎖について調べる。	知識・技能 思考力・判断力・表現力等
3	食べ物を通した生物のつながり② 人の食物連鎖	スーパーマーケットのチラシから食材の産地を知り、消費者に届くまでのエネルギー消費を考え、まとめる。 その食材を使った料理を残した場合のエネルギーのロスを考え、エネルギーの視点を踏まえ、持続可能な社会を実現するためのアイデアを発表する。	思考力・判断力・表現力等 学びに向かう力・人間性等
4	空気を通した生物のつながり	生物が水や空気を通してどのようにつながっているか調べる。 ・生物の呼吸による酸素の消費と二酸化炭素の排出及び人の二酸化炭素の排出 ・植物の光合成による二酸化炭素の消費と酸素の排出 ・二酸化炭素削減は自分とも深く関わること	思考力・判断力・表現力等 学びに向かう力・人間性等

3.実践の流れ

(1) 生物どうしのつながり

　カレーライスの具材から、それぞれの食べ物をたどっていくことで、「牛」→「牧草」、「豚肉」→「トウモロコシ等」、「イカ」→「小魚」→「動物性プランクトン」→「植物性プランクトン」のように、最終的には植物に行き着くことに気付いた。児童は「本当にすべての動物が最終的に植物に行き着くのか？」「植物に行き着かない動物がいないか？」と主体的に調べ学習に移り、一部のバクテリアを除き、食べる食べられるの関係は植物から始まっていることに気付いた。ICTを効果的に活用することで、児童は「食物連鎖ってなに？」「やっぱり最後は植物にたどり着くんや。」と実感を伴った深い学びにつながった。

　そこで、自分たちの生活を支えている植物が生きていくために必要なものは何かを話し合い、水や空気を通して自分たちと生物がどのように関わっているのかを考えた。「田んぼに水がないと米が食べられなくなる。水を汚すと自分たちに返ってくるんじゃないか。」「動物の呼吸や人の生活で排出してる二酸化炭素は、植物が吸収してくれている。それな

のに地球温暖化が進むのは、吸収が間に合ってないんじゃないかな。」など、児童それぞれの実態に応じて、課題意識をもつことができた。

ここで、エネルギーの視点を踏まえさせるために、

「君たちが食べるまでに、誰が何をしてくれていますか。」

と発問をした。すると「お母さんや調理員が作ってくれている。」「トラックの運転手が給食を届けてくれている。」「食器を洗ってくれる人もいる。」「農家の人が育ててくれている。」
など、生活の中での生物のつながりには多くの人とエネルギーが関わっていることにも気付いた。

(2) 食べ物を通した生物のつながり①

食べる、食べられるの関係を考え、生態系のピラミッドを通して食物連鎖について知ることで、生物の数の割合を意識することができる。これにより、一つの命を持続させるためには多くの犠牲があることを量感を伴って理解することができる。

この生態系のピラミッドは海やサバンナだけでなく、身近なビオトープの中や、日常生活の中でも見られることに気付かせ、児童それぞれが食物連鎖が行われている場面を調べ発

生態系のピラミッド例

表した。児童が気付いたことは「強い動物は繁殖力が弱い。」「下の食べられる側の数が減れば、上の食べる側の数も減ってしまう。」「人の食物連鎖は、自然のものだけでは足りないから栽培や養殖をしている。」など、多面的多角的な視点で、食物連鎖について考えることができていた。

(3) 食べ物を通した生物のつながり②

人の食物連鎖に着目するため、スーパーマーケットのチラシから嫌いな食材を選び産地を調べた。この時、料理を選ぶと産地表示がされていないため、食材を選ぶように指示する。また、嫌いな食材がない児童はできるだけ遠い場所の食材を選ぶことで、その後のフードマイレージを考えるきっかけとなる。

ワークシートに沿って、その食材は生態系のピラミッドの中でどこにあてはまるか考えた。そして、その食材を自分が残した場合の無駄を以下の視点で考えさせた。

A　育てるのに使ったエネルギーを考える。
B　運ばれるのに使われたエネルギーを考える。
C　料理されるのに使われたエネルギーを考える。

6年（　　）組（　　　　　　　　　　　　　　　）

①嫌いな食材をヂラシから見つけましょう。（　　　　　　　　　　）

②その食材の産地を書きましょう。　　　（　　　　　　　　　　）

③嫌いな食材を、生態系のピラミッドに入れてみましょう。

④嫌いな食材を **A育てるため**、**B運ぶため**、**C料理するために**

使われたエサやエネルギーを考えましょう。

A 育てる	
B 運ぶ	
C 料理	

ワークシート一部抜粋

　児童の考えは以下の通りであった。

A育てるのに使ったエネルギー	・水道、電気 ・肥料や農薬代 ・肥料を運ぶトラックのガソリン ・エサ（穀物関係） ・エサの穀物を輸入するガソリン ・従業員の労働力 ・包装ビニールなど ・包装ビニールの作成にかかる石油 ・ビニールをつくる石油を輸入するガソリン
B運ばれるのに使われたエネルギー	・船やトラックのガソリン ・外国から石油を運ぶ船のガソリン ・トラックを作るための鉄や工場の電気 ・運転手の労働力 ・給食ワゴンの電気代 ・スーパーに買い物に行くときの車のガソリン

C料理されるのに使われたエネルギー	・ガス、水道、電気代 ・フライパンなどの鉄や作成にかかる燃料 ・調味料が作られるまでのAとBのエネルギー ・調理員の労働力や交通手段

　児童は嫌いな食べ物を残すということは、その食材がムダになるだけでなく、その食材が届くまでの過程で消費された膨大なエネルギーもムダになることに気付くことができた。

　さらに、

「残さない以外で、エネルギーを減らすには、どうすればよいでしょう。」

の発問には、「近くのスーパーには自転車で行く。」「スーパーはできるだけ近くの農家から仕入れる。」「消費者が食べる量を計算して、農家や漁師側も余らないように調整して作る。」「親は地元の野菜を買うようにする。そうすることで、海外の野菜等は売れなくなるので輸入は減る。」などの考えが出てきた。この学習で学ぶ言葉として「フードマイレージ」や「地産地消」をおさえ、栄養士から、給食には地元の食材がたくさん使われていることを教えてもらい、自分たちの生活にも地産地消が使われていることに改めて気付くことができた。

（4）空気を通した生物のつながり

　生物は呼吸により酸素の消費と二酸化炭素の排出をしていることや二酸化炭素を吸収しているのは植物の光合成であることは既習である。ここでは、排出と吸収のバランスがどうなっているかについて考える。呼吸で排出される二酸化炭素と、人間の生活で排出される二酸化炭素では、圧倒的に生活で排出される二酸化炭素量の方が多いことに気付く。また地球温暖化の原因となる温室効果ガスに二酸化炭素が含まれることを確認し、持続可能な社会の実現ために二酸化炭素の排出を減らす努力と、吸収を促す生態系の回復の必要性を自分事として考えられるようにする必要がある。また、二酸化炭素の吸収は植物の光合成以外にも、科学的に行う技術開発が行われていることにも触れる必要がある。

4.実践の評価

　児童の感想は以下の通りである。

　「今の生活が維持できるのは、他の生き物の命や、多くのエネルギーのおかげだと気付いた。」「今の食べ物を考えただけでもこれだけのエネルギーが使われているんだから、過去や未来を考えると、想像できない量のエネルギーが使われてきて、これからも必要だとわかった。」「食物連鎖は食べる食べられる関係だけだと思っていたが、人の生活には食物連鎖だけでなく、生活を支えるエネルギーの存在に気付いた。」「自分にできることは、食べ物を残さないことだけでなく、親にエネルギーのことを一緒に考えてもらうなど、これか

らも持続可能な社会のために考え続けることだと思った。」

　このように、児童は自分ごととしてエネルギーを視点にした生物のつながりについて深く考えることができた。また、持続可能な社会の実現のためには、エネルギーが不可欠であることにも気付くことができた。

　また、授業を参観した栄養士からは「食育の授業にエネルギーの視点が加わること、今まで見たことのない深い学びにつながっていた。」と感想をいただいた。エネルギー環境教育は、様々な分野で汎用でき、深い学びにつながっていくことを実感した。

　これらの活動を通し、エネルギーの視点をもって、理科で養う資質、能力の育成に今後も努めたい。

<参考文献>
山下宏文編「持続可能な社会をめざすエネルギー環境教育の実践」，国土社，2009.

放射性廃棄物の処分から考える、これからの日本のエネルギー
〜発電によって出るゴミ問題から電力選択を考える〜

北倉祐治（福井市東安居小学校）

1. 実践の意図と目標

　小学校の理科の学習のまとめとして、エネルギーに関係する学習では、第6学年で、「電気の利用」についての学習が設定されている。また、生命に関する学習として、「人と環境」についても学ぶようになっている。その学習の主なねらいは、生物と環境の関わりについて、興味・関心をもって追究する活動を通して、生物と環境の関わりを推論する能力を育てるとともに、それらについての理解を図り、環境を保全する態度を育て、生物と環境の関わりについての見方や考え方をもつことができるようにすることである。内容としては、現代の生活には電気が欠かせないものとなっていること、発電などにも使用する化石燃料の消費によって地球温暖化が進んでいると考えられていることなどをあげ、環境に及ぼす影響を少なくする取組として風力や太陽光による発電や発光ダイオードの利用などを紹介し、持続可能な社会の実現を考えさせていく構成となっている。

　今回の学習では、上記の学習の内容に加えて、日本のエネルギー自給率が低く、エネルギーの安定供給確保が重要課題であることやエネルギーの安定的供給確保と地球温暖化対策のために、エネルギー源を多様化することが必要なこと、それぞれの発電におけるメリットとデメリットについても触れ、未来の電源構成についても考えることとした。

　原発の使用済み核燃料を再処理した後に出る高レベル放射性廃棄物は、国内に約1万7000トンあり、原発を動かせば増えていく。最終処分は、地下300メートルより深いところに埋める「地層処分」を基本とすることが法律で定められている。この処分場をめぐり、国は、近くに火山や活断層がないなどの科学的な基準に基づき、地域ごとの適性を示した全国地図「科学的特性マップ」を初めて作成し、2017年7月に、公表している。

　原子力発電の恩恵にあずかってきた世代の責任として、将来世代に負担を先送りしないために情報を早い段階で伝えることは大切であると考え、高レベル放射性廃棄物についても触れることにした。また、放射性廃棄物について触れるにあたっては、放射線に関する知識も必要であると考え、放射線についての学習も取り入れた。

　それらの学習に取り組むには、理科の学習時間だけでは十分な深まりが見られないと考えた。そこで、総合的な学習の時間と理科の時間を利用して、電気エネルギーと環境についての学習を展開した。

　以上に基づき本取組の目標は次の通り、理科としての目標をふまえるとともに、エネルギー環境教育の視点を盛り込んで設定した。

①知識・技能
・電気は、様々な方法でつくりだせることや日本のエネルギー事情について理解する。
・人は、環境と関わり、工夫して生活していることを理解し、人の生活と環境との関わりに関する問題（地球温暖化など）について理解する。

②思考力・判断力・表現力
・様々な発電方法のメリットデメリットや現在の日本のエネルギー事情をもとに未来の日本の電力構成について、自分なりの考えをもち、グループで話し合うことができる。
・人の生活と環境との関わりについて見いだした地球温暖化や高レベル放射性廃棄物の処分などの問題について、自分なりに考えることができる。

③学びに向かう力
・日本のエネルギー事情や発電に関わる問題について学んだことを学習や生活に生かそうとしている。
・人の生活と環境との関わりについて学んだことを学習や生活に生かそうとしている。

2. 実践の構造

時	学習テーマ	主な内容	目標との関わり
1 2	私たちのくらしと電気の関わりについて知ろう	○「かがやけ！みんなのエネルギー」を利用して、いろいろな発電方法について調べる。 ○手回し発電機を使ったＬＥＤと白熱電球の省エネ体験実験などを行う。	①知識・技能
3 4	日本のエネルギー問題について知ろう	○「かがやけ！みんなのエネルギー」を利用して、日本のエネルギー事情について考え、話し合う。 ○日本はほとんどのエネルギー資源を輸入に頼っており、他の国と比べてエネルギー自給率が低いことを調べる。	①知識・技能 ②思考力・判断力・表現力
5 6	エネルギーと地球環境問題について知ろう	○「かがやけ！みんなのエネルギー」を利用して、地球温暖化などの地球環境問題について調べる。 ○省エネやリサイクルなどの活動が大切であることを知り、自分ができることを考え、実践目標を立てる。	①知識・技能 ③学びに向かう力

7 8	放射線とは何かを知ろう	○「はじめましてほうしゃせん」を読み、放射線について調べる。 ○霧箱で放射線の飛跡の観察を行う。 ○「はかるくん」で、いろいろな物質（マントル、カリ肥料、高血圧用塩、ラジウムボール）の放射線測定を行う。 ○放射線の人体への影響や放射線の影響を避けるための方法について調べる。	①知識・技能
9	未来の日本のエネルギーについて考えよう	○「小学生向け基本教材」にあるプレゼン資料を活用して、いろいろな発電の長所と短所について再確認する。 ・火力発電、水力発電、原子力発電、地熱発電、風力発電、太陽光発電、水素発電、バイオマス発電 ○現在の日本の「火力発電」「水力発電」「原子力発電」「再生可能エネルギー」の割合について調べる。 ○自分だったら、どのような割合にするかを考え、グループで意見を交換する。その後、クラス全体で意見交換する。	①知識・技能 ②思考力・判断力・表現力 ③学びに向かう力
10	高レベル放射性廃棄物の処分について知ろう	○「電気をつくると出るごみについて考えよう」から、原子力発電によって出るゴミ（高レベル放射性廃棄物）があることを調べる。 ○「小学生向け基本教材」にあるプレゼン資料で、高レベル放射性廃棄物の処分での大切なポイントについて調べる。 ○どのように処分すればよいか考え、発表する。 ○現状で考えられている処分方法について調べる。 ○どの方法がよいかを考え、発表する。	①知識・理解 ②思考力・判断力・表現力 ③学びに向かう力

3. 実践の流れ

　第1時から第6時までの実践にあたっては、子ども達に共通の教材として、経済産業省資源エネルギー庁が発行している「かがやけ! みんなのエネルギー」を利用した。本冊子は、エネルギーに関係した様々な資料がまとめられているので、エネルギー環境教育に無理なく取り組むことができる。また、児童用の冊子とは別に教師用の冊子も作成されているので、エネルギー教育に初めて取り組む教員にも助かる教材である。

（1）私たちのくらしと電気の関わりについて知ろう

　導入として、昔の暮らしと現在の暮らしを比較したページを見たことで、子ども達は、

現在の自分たちの生活に電気が欠かすことのできないものになっていることに気付いた。

　次に、自分たちの使っている電気がどのようにつくられ、自分達の家庭まで届けられているのかということや、今現在どのような発電方法で電気がつくられているのかについて学習した。

　最後に、モーターを回転させることで、自分達でも電気をつくり出せることを聞き、手回し発電機を使って発熱電球を点灯させたり、ＬＥＤ電球との手応えの違いに気付いたりする実験を行った。

（2）日本のエネルギー問題について知ろう

　最初に、電気をつくるためのエネルギーにはどのようなものがあるのか、また、エネルギーがどのように日本に運ばれてくるかを確認した。さらに、日本のエネルギー自給率がわずか10％でしかなく、諸外国から比べて、はるかに低くなっていること、石油、石炭などのエネルギー資源が有限であることや日本のエネルギー供給の割合が変化した要因として、2011年の東日本大震災による東京電力福島第一原子力発電所の事故の影響があることなどを確認した。

（3）エネルギーと地球環境問題について知ろう

　最初に、地球環境問題全般について触れた後、地球温暖化のメカニズムやその原因について確認した。さらに、地球温暖化を防ぐための取組にも触れて、自分達ができることを環境宣言としてまとめ、発表した。

　第6時までの実践を終えた後の児童の感想は、以下のようなものである。

・世界のエネルギー資源確認可採埋蔵量が、このまま使い続けて、可採年数がすぎてしまうと、未来が昔みたいに なってしまうので、未来のために「省エネ」をしたいと思いました。

・二酸化炭素を排出しすぎると、この世界は温暖化がどんどん進んでしまうことが分かった。日本はエネルギー不足で、何年か後には、江戸時代のような暮らしになってしまうので、今、私達にできることに取り組んで、日本の未来を変えたいです。

・今日の授業を聞いて、日本は、ほかの国と比べて、自給率が少ないということが分かりました。これから良い未来になるといいと思います。

（4）放射線とは何かを知ろう

　日本のエネルギー事情の変化を考える上で、2011年東京電力福島第一原子力発電所の事故は避けては通れない問題である。しかし、授業前のアンケートの結果から、子ども達は、放射線について、言葉として聞いたことはあっても、具達的なイメージはもち合わせていないことが分かった。そこで、放射線とは何なのか、何が問題なのかを子ども達に考えさせたいと思い、授業を構成した。導入として、

「はじめましてほうしゃせん」を利用して、放射線について朧気にではあっても、全員が共通のイメージをもてるようにした。

　次に、スライド等を利用して、放射線の発見の歴史から始め、放射線の利用、放射線とは何か、霧箱での放射線の観察、放射線の測定、放射線の人体への影響などについて学んだ。

　授業後の児童の感想は、以下の通りである。

・被ばくや放射線がどこでおきたりするかが分かりました。意外なところでおきたりすることが分かりました。

・食べ物や空気中や大地からも放射線が出ていることが分かりました。放射線と人体の関わりについて調べたいです。放射線がもっと役にたつものになればいいです。

・今日の授業を聞いて、食べ物や人からも放射線がでていることを知って、びっくりしました。私は、放射線のことを悪い物だと思っていたので、役にたっていることにびっくりしました。

・私達の生活のなかには、こんなたくさんの放射線があるとは知りませんでした。実験をやっていて、白いひものようなものが飛んでいたので、これが放射線なんだなって思いました。空気中にもたくさんの放射線が飛んでいたし、コンブなどからも放射線が出てきているのでびっくりしました。中学校での勉強が楽しみになりました。

（5）未来の日本のエネルギーについて考えよう

　日本の抱える様々なエネルギー問題を学習したことをふまえて、未来のエネルギー構成をどうすべきかを考える授業を行った。

　最初に、「小学生向け基本教材」にあるプレゼン資料を活用して、いろいろな発電の

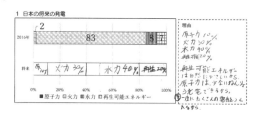

長所と短所についてと、現在の日本の火力発電・水力発電・原子力発電・再生可能エネルギーの割合について再確認した。次に、自分だったら、どのような割合にするかを考えた。さらに、グループで意見を交換した後に、クラス全体で意見交換した。

　授業後の感想は、以下の通りである。

・日本の将来の発電をどのような割合ですればよいかを自分で考えるのが楽しかった。これを決める上で、それぞれの発電の長所・短所を思い出しました。原子力は繰り返し燃料を使えるように技術を上げてできるようになればいいと思います。そして安全面を高めれば欠点のない発電になると思います。

（6）高レベル放射性廃棄物の処理について知ろう

　子ども達は、前時までに、日本の電気エネルギー事情や環境問題について知り、それらをもとに未来の電気エネルギーの構成について考えてきたが、未来の電源構成をどのようにするかにかかわらず問題となるのが、原子力発電からでる高レベル放射性廃棄物の問題

である。

　原子力発電を全く行わない未来となったとしても、今までに行ってきた原子力発電によって出た放射性廃棄物は何らかの形で処理する必要がある。しかしながら、この問題については触れられることが少ない。

　そこで、「電気をつくると出るごみについて考えよう」と「小学生向け基本教材」にあるプレゼン資料を活用した授業に取り組んだ。最初に、「電気をつくると出るごみについて考えよう」から、原子力発電によって出るゴミ（高レベル放射性廃棄物）があることを伝えた。次に、「小学生向け基本教材」にあるプレゼン資料で、高レベル放射性廃棄物の処分での大切なポイントと、現状で考えられている処分方法について伝えた。その後、子ども達はどの方法がよいかを考え、発表した。

　授業後の児童の感想は、以下の通りである。

・原子力発電所からでたゴミは他の物と違って処理することが難しいことがわかった。処理の方法にも長所短所があって完璧なものはないことがわかった。

・僕は宇宙処理がいいと思ったけれど、いろいろな国で地層処分が行われていることがわかった。

4. 実践の評価

　今回の実践では、①考える材料を与える②お互いの意見を聞き合う③自分事として考える④是非の判断を教師が行わないの４つを念頭に置いて実践に取り組んだ。放射線や放射性廃棄物の問題について取り扱った理由は、原子力発電の恩恵にあずかってきた世代の責任として、将来世代に負担を先送りしないために情報を早い段階で伝えることは大切であると考えたからである。

　ただ、子ども達に未来のエネルギー構成を考えさせるときに、安全性（Safety）、自給率（Energy Security）、経済効率性（Economic Efficiency）、環境適合（Environment）の３Ｅ＋Ｓのうち、経済効率性についての視点の押さえがやや足りなかった。

　また、今回の実践では、誰でもが手軽に取り組めるように、様々な団体が作成している資料を使いながら授業を行った。エネルギー環境教育に取り組んでみたいと考えている教師の一助になればと考えている。

〈参考文献〉

「かがやけ！みんなのエネルギー」経済産業省資源エネルギー庁

「はじめましてほうしゃせん」原子力安全システム研究所

「電気をつくると出るごみについて考えよう」原子力発電環境整備機構

「小学生向け基本教材」https://www.numo.or.jp/eess/materials/elementary/

自然エネルギーの活用を 部屋の明るさから考える学習

平野江美（奈良教育大学附属小学校）

1. 実践の意図と目標

　本題材は、「B衣食住の生活」の「(6) 快適な住まい方」にあたる。ここでは、「季節の変化に合わせた生活の大切さや住まい方について理解」し、「季節の変化に合わせた住まい方……を考え、快適な住まい方を工夫すること」を目標としている。日本には四季があり、季節ごとに変わる自然環境を生かして快適な住まい方をつくり出すことができることを学び、日常の生活に生かす題材である。

　学習指導要領で挙げられている「季節の変化に合わせた住まい方」で扱う内容は、暑さ・寒さ（熱環境）、通風・換気（空気環境）、採光（光環境）、音（音環境）の4つである。そのうち、熱環境と光環境について学ぶ切り口として"日光"を取り上げることとした。

　本題材の目標を以下のように設定した。

知識・技能	思考・表現・判断	学びに向かう力
季節の変化に合わせた住まい方をより快適にするために環境に配慮した物（照明器具など）と合わせて日光を活用することを理解する。	日光を活用した住まい方と環境に配慮した物（照明器具など）の使い方について課題を設定し、さまざまな解決方法を考え、実践を評価・改善し、考えたことを表現するなどして課題を解決する力を身に付ける。	家族の一員として、日光を活用した快適な住まい方について、環境に配慮した物（照明器具など）の使い方と合わせて課題の解決に向けて主体的に取り組んだり、振り返って改善したりして、生活を工夫し、実践しようとする。

　このねらいの達成に向けて学ばせるにあたり、「エネルギー教育を進めるにあたって留意すべき4つの視点」のうち、以下の2つの視点を考えている。

4つの視点	本題材でねらえること
3. 多様なエネルギー源とその特徴	日光エネルギーは天候によって供給は左右されるが電気など別のエネルギーとうまく組み合わせて活用できることを理解することができる。
4. 省エネルギーに向けた取り組み	日光が光や熱をつくり出すことから、日常の生活に自然エネルギーを活用してエネルギー消費を改善しようと考えることができる。

　今日、家庭や公共施設では、太陽光パネルを設置し、電気エネルギーに変える設備を備

えているところが多くなっている。そのため子どもたちにとって身近なものとなりつつあるが、自然を活用しているためそれだけでは自身が求める快適なくらしが整いにくいことにも目を向けるようにしていきたい。

　日光と住生活は、切り離せない関係にある。室内環境を快適にするには日照をコントロールする必要がある。日本家屋は、夏の日差しを遮り、冬に日差しを取り入れるような構造となっている。南側の窓を大きくとるのもそのためである。これら、わが国で古くからなされてきた自然エネルギーを活用することによる省エネルギーについて特に考えられるようにしていきたい。

2. 実践の構造

　家庭科は、子どもたちの身近なくらしについて学ぶ教科であり、最終的には自身の家庭でのくらしで実践されることを目指している。しかし、住環境だけは学校へ持ち込むことができず、各家庭の環境もそろえることができないことから、教室の環境だけを使っての学習としている。それだけに数値など、子どもたちにとって明らかなデータを示し、自身の家庭でも調査はできないが似たようなことが言えるのではないかと納得できることが大切である。

　本題材では、日光がもつエネルギーと住生活について、身近な例として教室の窓を切り口にして学ばせたいと考えた。これまでには、日光に消毒・殺菌作用やビタミンＤの合成作用などがあると学んできている。電力をはじめとするエネルギーを使ってもつくり出せない力が日光にはあるからこそ、昔からその力を活用してくらしをつくり上げてきた。そのことを実験・実習などを通してわからせていく場である。

　前の題材では、食生活と衣生活と日光とのかかわりについて、乾燥食品と洗濯物の乾燥という、「水分の蒸発」を主に取り上げている。

　子どもたちは、ここまでにさまざまな場面で自然エネルギーとしての日光に出あっている。まず、第3学年では、理科で日光には熱エネルギーがあることを「日なたと日かげの地面のあたたかさのちがいを比べる活動」や「虫眼鏡を使って日光を屈折させると1点に明るさや熱が集まる」ことで学んでいる。また、社会科で「移り変わってきたくらし」を学ぶ中で、昔は自然のエネルギーを使ってくらすことが多かったという気付きを得ている。

　さらに第4学年でも理科で「暖かい空気は上に上がる」こと、室内の空気は循環することを学び、特に冬の教室（室内）が窓ぎわ（日光が入る部分）で暖かいことをわかっている。

　第5学年では、社会科で産業においてエネルギーが多く使われているという視点をもって学習を進めてきた。また、農業においてビニルハウスを使うのは、熱環境や空気環境をコントロールするためであるという見方もできるようになっている。

時	学習内容	学習活動	目標とのかかわり
1	日光と住生活 （2時間）	・教室の光環境に電力がかかわることを実験で確かめる。 ・日光を取り入れることで電灯以上の光環境を手に入れられることを実験で確かめる。 ・明るさだけでなく暖かさも日光から得られることに気温測定で確かめる。	日光の活用が住まい方にかかわることに気付き、調節することで自身にとって快適な住まい方ができることを知る。
2	快適な住まい方 （2時間）	・窓の開閉が温度の調節だけでなく空気環境にもかかわることを実験で確かめる。 ・ここまでの学習から快適な住まい方には光や風といった自然エネルギーの活用が欠かせないと考え、自身の生活にうまく取り入れる方法を考える。	日光だけでなく風も快適な住まい方にかかわっていることに気付き、自然エネルギーの活用について考える。

3. 実践の流れ

（1）日光と住生活（2時間扱い）

　第1次では、教室の住環境のうち光環境と熱環境を取り上げ、日光をうまく活用することで電気エネルギーなどの使用を抑えることができることを学ばせた。

　本校の6年生教室は、3階（最上階）にあり、屋上にあたる太陽熱で夏は7時過ぎから30度を超える日もある。晴れた冬の日に授業へ行き、教室の暖かさにエアコンを消そうとしたら使用していなかった、という経験も少なからずある。秋から冬の午後は、日差しが教室の半ばまで差し込むため、カーテンを閉めることが欠かせない。一方、東端で隣の校舎と隣接する教室は、日光が10時ごろまで当たらず、年間を通じて冬場を中心に気温が上がらなかったり暗かったりしている。子どもたちは自分の教室を中心に生活しているが、休み時間に遊びに行ったり、下の階の同じ位置で過ごしたりした経験から、日照がくらしに影響することを感じ取っている。今回は、明るさを数値化して考えることとした。

　今回実践したクラスは東端から2番目で、学級園の木などによって日光が遮られることがない位置にある。黒板が西側にあり、窓が南側（左手）に、廊下が北側（右手）にある。実施時期は、11月中旬であったが、今回示す数値は、2022年2月12日午前の数値である。

　まず、子どもたちに「教室ではいつでも電灯をつける必要があるか」と尋ねた。授業中は"いつでも"点灯していると思っているが、その他の時間も、と言われて子どもたちは戸惑ったようである。「教室に誰もいない時は、消してよい」、「窓際だけに人がいる時は、明るそうだから消してよい」などと発言がすすんでいった。そのうち、

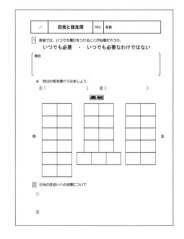

「朝、一番に登校しても自分だけなら電灯はつけていない」、「晴れていれば、明るいから
いらない時もある」、「雨の日は暗いから電灯が必要」など、自身の経験と日光とのかかわ
りに気付きだしていった。合わせて、「窓際は、明るいけど、暑いからカーテンを閉めて
しまって結局、暗くしている」という発言も見られた。

　そこで、班ごとに簡易照度計と温湿度計で照度や温度・湿度を測定した。照度計には明
るさの目安がかかれている。650 〜 1000lxが"読書・勉強"、1000 〜 1500lxが"ワープロ・
綿密作業"となっている。(lx：ルクス、明るさの単位)

　令和2年に改訂された「学校環境衛生基準」は、「採光及び証明(10)(ア)教室それに
準ずる場所の照度の下限値は300lxとする。また、教室及び黒板の照度は、500lx以上で
あることが望ましい。(イ)教室及び黒板のそれぞれの最大照度と最小照度の比は、20:1
を超えないこと。また、10:1を超えないことが望ましい。(ウ)コンピュータを使用する
教室等の机上の照度は、500 〜 1000lx程度が望ましい。」などと照度の基準を定めている。
本校ではこの基準改定を前に普通教室の照明をLEDに変えている。

　最初に現状(電灯点灯・カーテンなし)で測定した。晴れた日であれば、窓際(南)は、
針が振り切れることが子
どもたちにとっては驚き
の材料となる。"× 10(10
倍)"に切り替えられる
と知らせて測定すると
10000lxを超えた(図1)。

	1600	
4000		900
12000		750

図1　現状での測定のようす(照度計は×1でふり切れている)

日差しが強い時には20000lxを超えることもある。一方、「暗い」と予想していた北側も
1000lx程度あり、勉強に適した明るさが電灯の力で保たれていると子どもたちは予想した。

　そこで、電灯を消灯して測定した。消灯すると、一気に暗くなり、北側は650lxを切る
のではないかと子どもたちは恐る恐
る測定した。ところが、思ったほど
下がっておらず、"読書・勉強"には
十分な明るさがある場所がほとんど
であった(図2)。ここで子どもたち
に「晴れていれば、電灯は不要なの
ではないか」という見方が出てきた。

	830	
400		400
1160		750

図2　電灯を消灯した測定のようす

　続いて消灯したままカーテン(遮光ではない)を閉めて測定した。どの位置でもかなり
照度が低くなるが、窓際は十分な明るさを残している場所もあり、日光がカーテンを通し
ていること、その力の大きさを感じることができた。

　最後にカーテンを閉めたまま電灯を点灯して測定した。すると、日光が届きにくかった
北側では数値が上がり、窓際では数値が大きく下がった(図3)。教室のほぼ全域が適度
な明るさになったことがわかった。電灯は明るさをつくるだけでなく、部屋全体の明るさ

を調節している、と気付くことができた。

当初の課題である「いつでも電灯は点灯する必要があるか」に対しては、「いつでも」ではなく、日光の当たり具合や場所による、と子ども

	1600	
1700		950
2200		1070

図3　カーテンを閉め電灯を点灯した測定のようす

たちは考えた。その結果、教室の中で部分的に点灯・消灯ができるようになっていればよいのではないかという考えも生まれた。本校の教室は、黒板灯・前・後の窓と垂直に３つに分けて点灯することができる。今回の測定から、窓と平行に点灯できるようになっていれば、明るい窓際（南）は消灯し、廊下側（北）を明るくして教室の明るさを均等にすることができるのに、という見方も生まれた。また、黒板灯は教室内の明るさを左右するようには見えないので不要なのではないか、と考え、黒板灯を消灯して授業を行うように求めてきたのでそのようにして授業を行った。見た目にはそれ

図4　教室の電灯の点灯範囲

ほど暗いように思わなかったが、照度計で明るさを示すことで意外と明るさが低くなっていることを示すことでその必要性を理解することができた。（消灯時500lx、点灯時1350lx）

さらに蛍光灯が9か所についている家庭科室の照度を測定すると、LEDが6か所だった普通教室と変わらないことがわかった。双方が蛍光灯だった時には出なかった結果である。この結果から、照明器具の違いによる照度と消費電力について触れることができた。

これらのことから子どもたちは、以下のようなことを学んだ。

・日光は、明るさを教室にもたらすものである。その入り口は、窓である。
・電灯などとちがってそのまま使用しているのでカーテンなどで調節して使用することが大切である。
・自然エネルギー（日光）をそのまま使うだけでなく、電力などを組み合わせて使うことで生活環境をより適したものにすることができる。

気温については、カーテンを開けている時には南側と北側で数度の差が生じた。カーテンを閉めると窓際の席は徐々に気温が下がっていった。この結果についても子どもたちは、日光が当たっているかどうかによって生じたものであると考えた。

（2）快適な住まい方（2時間）

次に「快適な住まい方」として前時に学んだ光環境と熱環境に加えて空気環境や音環境について“窓”を通して学ばせた。窓は日光だけではなく空気や音を取り入れる場所の一つとなる。いずれも窓がなければ人工的な環境をつくって快適にする必要が生じるものである。

空気環境では、窓の開閉を通して窓から空気が取り入れられ、もう一方の開放部（戸）

から出ていくことで換気ができるとともに温度調節もされること、この機能にかわるものが換気扇であることを知らせた。コロナ禍でもあり、教室では常に換気が行われている現在、子どもたちにとって窓や戸が開いていることは当たり前となっている。しかし、それがどれほど空気を動かしているのかは気付きにくかった。そこで、教室に膨らませたゴム風船を等間隔に吊るし、窓を開けることで窓側から順に風船が動き始める様子を見せた。煙を教室に充満させた場合のように全体的な空気の流れを可視化することはできなかったが、窓だけを開けた時と対面の戸も開けた時とでは風船の動きが大きく異なり、ここでも自然の力を使って生活を快適にすることができると気付くことができた。

　日光の採り入れを含めて窓が住居において快適な住環境の調節に役立つことに気付き、自然エネルギーの利用が日常生活に取り入れられるとわかることができた。

4. 実践の評価

　これまでに「エネルギーの使用」や「省エネルギー」を取り上げた場合、子どもたちが極端なまでにエネルギーの使用を控えようとして自身のライフスタイルを窮屈にする姿を目にしてきた。子どもにとって授業で学ぶことは、素晴らしいことであり、実践すべきことであると捉えられているからである。しかし、自身のライフスタイルを大きく変えてまで実践することは無理を生じさせることであり、長続きしない。また、子どもたちの家庭生活の都合もある。そのため、授業の中で1つの結論を出すのではなく、「このようなことができる」、「自分に可能な範囲でできることを考える」という視点を大切にするようにしてきた。その中で、エネルギー環境教育の視点からの評価のポイントは以下の2点であると考えていた。

・日光は、明るさや暖かさを与えてくれるものであり、電気エネルギーなどを使ってつくり出されたものより大きなエネルギーが得られることがあると気付くことができたか。
・自然エネルギーだけを利用するのではなく、電気エネルギーなども併せて使うことで自身のライフスタイルをより快適にすることができるとわかり、無理なく自身のくらしをつくろうと考えたり実践したりしようとすることができたか。

　1点目について、照度計や温度計を使って明るさや暖かさを数値化して見せることで、自然エネルギーが住環境に大きな影響を与えていることを理解することができた。

　2点目については、部屋の照度を均一とまではいかないが、適正化するために電灯が使われていることに気付くことで、電力を使用することが「悪いこと」ではないことを確かめることができた。また、教室の空気が日光によって暖められることでエアコンの使用が抑えられることができるという見方もできるようになった。これらを通して全てを電力に頼るのではなく、自然エネルギーが活用できる場合は併用しながら自身にとってより快適な住まい方をつくることができると理解し、今後のくらしにおいて活用できるようになったのではないかと考えている。

電柱にできたカラスの巣のひな
〜停電と命の重みを考える〜

山野元気（八尾市教育委員会事務局教育センター）

1. 実践の意図と目標

　本実践は、当時の所属校である八尾市立曙川小学校で起きた実際の出来事を、授業で扱った実践である。エネルギー環境教育に取り組んでいた小学校のため、保護者、地域、企業など、さまざまな団体からエネルギー環境教育に協力をいただいていた。その一つとして、受付員の方が「校門の前の電柱にカラスの巣ができている。」と情報提供をしてくれたのがきっかけであった。

　関西電力の方からは「電柱にカラスの巣を見つけたら、停電になるかもしれないので、すぐに連絡をしてほしい。」と出前授業で教えてもらっていた。カラスの巣の情報を関西電力に伝えると、さっそく撤去に応じてくれた。しかし、高所作業用のバケット車で電柱のカラスの巣を確認したところ、以下の理由でカラスの巣は撤去しなかった。

①停電の可能性は低い場所に巣が作られている。

②卵は孵化し、すでにひなが生まれている。

③年間で駆除できるカラスの数は決まっており、停電の可能性の高い巣を優先的に撤去する。

　さらに、関西電力の方は、児童の学習のためにと、カラスの巣の写真を撮ってくれた。エネルギー環境教育に取り組んできた曙川小学校の児童は、電気はどこから来ているのか、どのようにして発電しているのかを学んできた。そこで今回は、エネルギーの安定供給の理解を図るために、児童にとってあたり前に使える電気が使えなくなるとどうなるのかを考え、停電の原因になりうることが、身近な電柱のカラスの巣であることを知り、自分たちの生活を支える存在や、自分自身の社会への関わり方についても見つめるきっかけにつながる道徳の教材として実践に取り組んだ。

　教科は道徳で、内容項目は生命の尊さ（D主として生命や自然、崇高なものとの関わりに関すること）として取り扱った。ねらいは「生命のかけがえのなさについて自覚をもつとともに、さまざまな法律や職業によって生命や日常生活が守られていることに気付く。」と設定した。

　評価については以下のとおりである。

a　道徳的諸価値について理解する学習状況を評価する。

（価値理解）道徳的諸価値は人間としてよりよく生きる上で大切なことだと理解する。

（人間理解）道徳的諸価値は大切だと分かっていても、なかなか実現できない弱さが人間にはあることを理解する。

（他者理解）道徳的諸価値を実現したり実現できなかったりした時の感じ方や考え方は皆一様ではなく、人によってそれぞれ違うということを理解する。

b　aに基づき、自己を見つめる学習状況を評価する。

c　aに基づき、物事を多面的・多角的に考える学習状況を評価する。

d　aに基づき、自己の生き方についての考えを深める学習状況を評価する。

　対象は当時理科を担当していた4〜6年生とした。

2. 実践の構造

　授業は以下の流れで行った。

　①巣とひなの存在を知る②停電の可能性は低いが、0でないことを知る。③停電になると、生活はどうなるか考える。④ひなを処分するか、しないかを考える。⑤それぞれの立場に分かれ、討論する。⑥再度自分の考えを決める。⑦関西電力の判断理由を知る。⑧ふりかえり

　本時の指導案及びワークシートは以下のとおりである。

	学習活動	指導上の留意点	評　価
導入（5分）	1．電柱でできたカラスの巣をどうするか考えよう。	校門前の電柱にできたカラスのひなの写真と、カラスがゴミ袋をあさる様子や停電による被害についての写真を見せ、どちらの立場も理解する。巣を移動してもひなは死ぬことを押さえる。	①知識・技能
	あなたならカラスの巣をどうしますか。		
展開（35分）	1．自分の考えを書く。	論点がブレないように、処分（殺す）か助けるかのどちらかを選択するようにする。	友だちの考えを聞くことで多様な考え方に気付く。
	2．撤去チーム、保護チームに分かれて討論をする。	それぞれの考えを板書でまとめながら、発表する。意見に対して発言することであり、相手の人格を否定することや、攻撃的な話し方をしないようにルールを説明する。停電は命の危険につながることも理解した上で討論する。	
	3．討論後、自分の考えの深まりや、変容を書く。	自分の考えが変わっていったことに気付き、正解があるものではないことを押さえる。	
	4．関西電力の判断とその理由を確認する。「巣を保護した」	関西電力が巣を保護した理由①停電の危険性が低い場所にある。②絶滅を防ぐため法律により、年間の殺処分数が決まっている。このことを押さえ、カラスの種の保存と停電防止ために優先順位の高い巣から撤去していることを学ぶ。	生命や生活を守るための工夫や努力に気付く。
まとめ（5分）	1．ふりかえり		

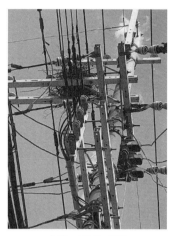  

実際の写真（巣）　　　　実際の写真（ひなを確認４月）　実際の写真（巣の撤去７月）

カラスのひな

（　　）年（　　）組　氏名（　　　　　　　　　）

①あなたが電力会社の人なら、カラスのヒナをどうしますか。

理由もかきましょう

（　　）処分する（ころす）

（　　）助ける

②（話し合いをして）カラスのヒナをどうしますか。

ワークシート

3. 実践の流れ

　児童の考えは以下のとおりであった。

①巣とひなの存在を知る

　児童は実際のカラスの巣のひなの写真を見て「赤ちゃんカラスかわいい。」「一生懸命口

あけてエサをもらおうとしている。」と親近感をもって、身近な電柱にカラスの命が宿っていることを知った。

②停電の可能性は低いが、0でないことを知る

　電力会社の人は、停電する可能性が低い場所なので、ひなが巣立ちを終えた後に、巣を撤去することに決めたことを知り、児童は「巣を取ったら、ひなが死ぬんだ。」「ひなが死ななくてよかった。」と発言する姿が見られた。しかし、「停電する可能性は0ではないということは、停電するかもしれないよね。」「もし停電したらどうなるの？」と発言する児童も見られた。

③停電になると、生活はどうなるか考える

　児童は停電したらどうなるのかを考え「冷蔵庫が使えない」「緊急の電話も使えない」「ライフラインや信号など安全にも関わる」など、生活に大きく影響することに気付いた。

④ひなを処分するか、しないかを考える

　ひなについて親近感をもち、生活に影響を及ぼす停電の危険についても知った上で、ひなをどうするか考えた。

　児童の考えは以下のとおりであった。

スライドの一部抜粋

なぜなら この巣の場所は

停電するキケンレベル高
停電するキケンレベル中
停電するキケンレベル低
ここ　停電しない場所

停電になれば
冷ぞう庫の中はくさる
ビデオの予約も消える
警察や救急車も電話でよべない
ガス・水道もでない
信号が消えて事故が起きる

あなたが
電力会社の人なら
カラスのひなをどうしますか？
理由も書きましょう
（　）処分する（ころす）
（　）助ける

処分する側の理由	・停電になれば、人間は困る。 ・弟はまだ小さい。クーラーが止まれば、死ぬかもしれない。 ・命の重みが同じなら、蚊を殺すのはおかしい。みんな自分の都合で動いている。 ・ごみを荒らすカラスは害鳥でもある。 ・工場は電気が止まると、大損害が起きる。 ・お店は食べ物が腐るとつぶれてしまうかもしれない。 ・救急車や警察が呼べなくなると命に関わる。
助ける側の理由	・こんなにかわいいひなを殺すなんて考えられない。 ・親カラスがかわいそう。 ・どんな生き物でも命は1つで同じ重さ ・不便よりも命の方が大切。 ・停電の可能性は低いが、ひなの死は100％だから、人間が我慢する。 ・自分もペットを飼っているが、人間の都合で殺すなんてあまりにもかわいそう。

　このように、処分する側は「生活の安定」「人間の安全」「経済面」などについて考えていた。助ける側は「かわいそう」「生命尊重」の側面から考えていた。

⑤それぞれの立場に分かれ、討論する

　討論の様子としては、このようなやり取りが見られた。

助ける側「ひなが死んでたら、お母さんカラスが帰ってきたとき、かわいそうだ。」

処分する側「でも停電になると冷凍庫の中身がとけて生活が困る。」

助ける側「生活が困るよりも、命の方が大切だ。」

処分する側「命の方が大切なら、停電すると、赤ちゃんの弟は暑さで死んでしまうかもしれない。」

助ける側「でも停電する確率は低いと言っている。ひなの死は100％だから確率の低い方を選んだ方がいい。」

処分する側「人の命の方が大切だと思う。」

助ける側「そんなことない命はみんな1つしかなくて、どの生き物も同じ重さだと思う。」

処分する側「じゃあ、なんで蚊は殺していいの？やっぱり人間の都合で殺されている生き物がいるのも現実だと思う。」

助ける側「でも人の命のためにペットの命を犠牲しろって言われたら、絶対にできない。」など、自分たちの生活や身近な体験と重ね合わせ、自分ごととして考えることができていた。

　その他、「工場は停電したら借金でつぶれるかもしれない。それが自分の親でもいいの？」や「見えてないところで人間のために他の動物なんていっぱい死んでる。」など、高学年になるほど多角的、多面的な考え方があった。

⑥再度自分の考えを決める

　討論後、多様な考えを聞き「やっぱり停電する可能性があるなら、巣は撤去した方がいいと思う。」や「みんなの考えを聞いて命はかけがえのないものだから、停電でも我慢する方がいい。」など、自分の考えをさらに深めることができた児童が増えていた。また、「どちらの考えを聞いても正しいと思うから、選ぶのは本当に難しい。」など、討論することで、より葛藤し深く考える児童の姿が見られた。

⑦関西電力の判断理由を知る

　最後に関西電力が「ひなを助ける」と判断した理由を伝えた。

①停電の危険性が低い場所にある。

②絶滅を防ぐための法律により、年間の殺処分数が決まっている。

関西電力の人の話

私たちは停電にならないことを1番に考えています。

「カラスが絶めつしないように1年間に処分できる数は決められています。」

もし、この巣のカラスを処分して、1年間のカラスの最大数になると

停電するキケン高
停電するキケン中
停電するキケン低
ここ
停電しない場所

キケンな巣を発見しても巣を処分できません。

停電するキケン高
ここ
停電するキケン中
停電するキケン低
停電しない場所

スライドの一部抜粋

　ということから、カラスの種の保存と停電防止ために優先順位の高い巣から撤去していることを学んだ。

　児童の感想として

　「ひなも助かったし、自分たちの生活も守ってもらっていた。」「人間の生活も、カラスの種も守ろうとしていることを知れてよかった。」「今のあたりまえの生活は、電力会社の人に支えられているからあるんだとわかった。」「ほかの人の考えを聞いて『なるほど』と思って自分の考えが変わった。」と、同じ課題であっても児童の発達段階に応じて回答や考え方はさまざまであるが、本時のねらいである「生命のかけがえのなさについて自覚をもつとともに、さまざまな法律や職業によって生命や日常生活が守られていることに気付く。」に迫ることができた。

　最後に実践する際の注意点としては、道徳の授業であるため、自分の考えの変容や多面的なもののとらえ方を評価するようにし、討論で相手を言い負かすことや、最終的に多数決が正しいと児童が捉えないように配慮することである。

<参考文献>
山下宏文編「持続可能な社会をめざすエネルギー環境教育の実践」，国土社，2009.

Stop 地球温暖化 !!
～関係機関や専門家と連携した総合的な学習の時間～

吉岡 学　（長岡京市立長岡第四小学校）

1. 実践の意図と目標

　本実践の特徴としては、副題にあるように、関係機関や専門家との連携を指導計画に位置付け、より効果的な学習展開を志したことにある。また、地球温暖化問題をエネルギー問題として捉えられるよう、生活の中のエネルギー消費に着目させ、省エネ活動を展開していった。エネルギー教育の4つの視点の＜2.地球温暖化問題とエネルギー問題＞と＜4.省エネルギーに向けた取り組み＞に関連した取組に当たる。

　また、より深い学びを具現化するために、専門家によるフィードバックを取り入れ、「より対話的で、より深い学び」につながるように単元構成を設定した。単元目標と評価規準＜育成を目指す資質・能力＞は下記の通り。

目標	地球温暖化の原因や現状、今後の予測などの情報を聞いたり、さらに詳しく調べたりする活動を通して、地球温暖化の進行を防ぎ、未来の自分たちの生活や地球全体を守るために自分にできることを考え、行動できる。

【知識・技能】（知）
Ⅰ. 気象予報士の授業で、地球温暖化の原因や現状に気付いている。
Ⅱ. 自分たちの生活を振り返り、地球温暖化の原因を生んでいる生活様式に気付いている。
Ⅲ. 地球温暖化を防ぐために行ってきた取組を比べ、整理することで、様々な取組方ができることを理解している。

【思考力・判断力・表現力】（思）
Ⅰ. 気象予報士による授業から、地球温暖化の原因をつかみ、温暖化を防ぐための課題や必要な取組について見通しを持っている。
Ⅱ. 地球温暖化を防ぐために行ってきた取組を、効果の高さと取り組みやすさに着目して比べ、整理することで分かりやすくまとめている。
Ⅲ. 発表会に向けて、自分たちの活動を掲示物で表したり、プレゼンテーションにまとめたりしている。

【主体的に取り組む態度】（態）
Ⅰ. 地球温暖化の原因となる自分たちの生活を振り返り、課題解決に向けた方法を探究しようとしている。
Ⅱ. 地球温暖化を防ぐために行ってきた取組を、自分たちだけでなく周囲にも発信するために、仲間と計画を立てたりして準備を行っている。
Ⅲ. 発表会をすることで、課題解決に向けてより良くしようと自分の行動力に気付き、これからも活動を継続しようと振り返ることができる。

2. 実践の構造

　今回紹介する実践は、令和4年度4年生が前期の総合的な学習の時間で、様々な関係機関との連携を取り入れ、専門家からのアドバイスを学習過程に位置づけ、より深い探究を試みた、地球温暖化対策に特化した取組である。導入時に気象予報士から『未来の地球と私たちのくらし』と称した出前授業を受け、個別に探究課題を設定し、探究活動に入っていった。iPadやSNSからの情報収集に頼るのではなく、それぞれの分野の専門家を招へいし、対面で話を聞き、質疑を繰り返し、学びを深めていくことを大切にした。夏休みには、自らの「温暖化防止行動計画（わたしの夏休みせんげん）」を家庭に持ち帰り、その活動を通して気付いたことや疑問に思ったことを更なる探究課題とし、更なる探究活動と更なる行動化を図っていった。

＜単元の指導と評価の計画（全36時間）＞は、次の通り。

小単元	助ける側の理由
(A) 地球温暖化に対して私たちにできることは何だろう （5～7月15h）	最近の気象の様子を知り、疑問や問題に感じていることを出し合う＜課題の設定＞
	地球温暖化について知るために、気象予報士の方に話を聞き、分かったことを整理する。＜整理・分析、知Ⅰ＞
	地球温暖化の原因となる身近な生活について振り返り、今後自分たちが解決すべき課題を決める。＜課題の設定、知Ⅱ、思Ⅰ＞
	課題を解決するための情報を集め、何を行うべきか、活動方法を決める。＜情報収集、整理・分析、態Ⅰ＞
(B) 地球温暖化を防ぐ取組を実施しよう （7～9月夏休み＋3h）	決めた活動方法をもとに、課題解決に取り組む計画を立てる。＜整理・分析＞
	方法、期間を決め、夏休みを利用して活動を行う。＜情報収集＞
	活動を終えて、効果の高さと取り組みやすさについて振り返り、それぞれの活動について報告する。＜整理・分析➡課題設定、知Ⅲ、思Ⅱ＞
(C) 地球温暖化を防ぐ取組を伝えよう （9～10月18h）	発表会に向けて、計画（報告内容、プログラム、役割分担等）を立てる。＜整理・分析、思Ⅲ、態Ⅱ＞
	分担した役割をもとに、準備を進める。＜まとめ・表現、態Ⅱ＞
	自分たちでリハーサルを行い、改善点を見つけ、発表会に向けて仕上げる。＜整理・分析＞
	発表会を行う。＜まとめ・整理＞
	これまでの活動を振り返り、これからの自分が地球温暖化を防ぐために続けていくことを考える。＜まとめ・表現、態Ⅲ＞

3. 実践の流れ

(1) 堀奈津子氏による気象出前授業

　学習の前段として、生活の中でエネルギーがどのような場面で消費されているかをリサ

ーチしていたので、子ども達の学習のベクトルは、自分たちの生活の周りの環境問題に目がいくようになっていた。しかし、そこには学習者の学習課題への必然性はまだ成就されておらず、教師主導型の学習課題の提供に過ぎない状態であった。子ども達は純粋なので、指導者からの投げかけや誘導に魅力を感じ、指導者が意図した方向に動いてくれる。しかし、それでは、本当の学習課題や深い探究、深い学びには迫れず、私たち授業者がいつも悩むところである。「子どもに、どのように必然性を持たせるのか」、この問いをクリアすることが、授業づくりの第一歩であると考えている。そこで、私たちは専門家の力を借りることにしている。質の高い導入で、質の高い課題意識を持たせるために、その道のプロの力は、私たち一般教員では何時間教材研究しようとも、辿り着けない専門性を子どもに提供することができる。そし

て、そこで子ども達全員が「共通の土俵」にのることができ、共通の課題解決のために、自分の生活から自分の課題を見つけていくと考えている。

　ここでは、NPO気象キャスターネットワークの堀奈津子氏に「地球温暖化の最新情報　未来の地球と私たちのくらし～みんなで考えよう～」と題した出前授業を行っていただいた。

　人類の危機でもある地球規模の気候変動がもたらす＜地球温暖化＞にスポットを当てた授業で、「地球温暖化を何とか防がなければ…」という必然性へと導いていったのである。

　まず、子ども達が衝撃を受けたのは『2100年未来の天気予報』である。人間の体温を優に超え、周りに熱中症でバタバタと倒れる人を想像したと思う。7月に猛暑日が続いた今年（2022年）の京都の最高気温が、7月2日の38.6℃（中京区）である。43℃越えは、熱中症予防でグランドでの体育に制限をかけていたレベルの温度ではない。また、台風の大型化にも危機感を持った。予測された「最大風速65m、最大瞬間風速90m」は、まだ記憶に新しい2018年の台風21号をはるかに超えている。あの時、長四小の樹木が西からの暴風でなぎ倒され、公道を塞いだことを覚えている。

　その後、地球温暖化の原因を人間の活動から排出されるCO_2に絞り、増えることでどのような影響を及ぼすのか、減らす方法はあるのかということを学んでいった。海水（水）がCO_2を吸収することを、実験で目の当たりにしたが、実は、その海も、空気中のCO_2を最大限に吸収し、お腹いっぱいの飽和状態であることも知った。

　出前授業の最後は、『二酸化炭素を出さない生活を考えてみよう‼』という場面で、「も

う自分たちが動かざるを得ない！」という行動意識を持つようになった。このような専門的な出前授業は専門家の力をお借りするに限る。この授業を受け、子ども達の眼の色が変わった。

(2) 課題設定

　「課題設定」の場面は、本単元の柱でもある地球温暖化に焦点を絞り、身近な実生活と結び付けながら、探究テーマを絞っていく、総合的な学習の時間の展開の中で最も肝になる学習作業である。どのように導いていくかによって、子どもの探究テーマ設定の深みが大きく変わってくる。その後の探究活動をまとめ・伝える内容や、それに向かうエネルギーを大きく左右する場面でもある。

　出前授業の中でも、自分たちの生活から多くのCO_2が排出されていることを確認し合い、何から出ているのかを考えていった。また、CO_2は樹木や海が吸収することも学んだが、森林はどんどん減少しており、海のCO_2吸収量も飽和状態であることも知った。「自分たちが何とかしなければ、地球温暖化は防げない」と、行動の必然性を共有する授業でもあった。

　授業後の振り返りでは、「どうすればCO_2を減らすことができるのか」「生活を豊かにしてくれいている便利な電気製品を使わないようにすればいいのか」「そもそも自分たち子どもにそんなことができるのか」「自分たちだけでは無理だ」「みんなで取り組まなければ地球温暖化は防げない」「じゃあ、どうすればみんなに伝えることができるのだろう」という声が生まれ、専門家による授業の質の高さを感じることができた。学習集団として共通の土俵に乗り、目的意識が一致した探究学習を展開して行けることに確信が持てた瞬間でもあった。

　次の展開では、CO_2をたくさん排出していると思われる身近な製品や生活スタイルを考えていった。やはり多かったのは電気製品。エアコンをはじめ、携帯電話、テレビ、PCと生活になくてはならないものが次々と挙げられていった。ガソリンやガスを使った生活スタイルについては少なく、子ども達の生活から少し距離がある分野であることが分かった。電気の使用＝CO_2排出という構図が子ども達の思考には位置付いているようで、特に目の前で利用されることが多い、＜エアコン＞＜冷蔵庫＞への関心が高かったことも分かった。普及率が高くなってきた太陽光発電への関心や、24時間365日稼働している冷蔵庫の節電方法にも話が発展していった。

　そして、それぞれの省エネ活動を想定しつつ、「何ができるのか？」「本当にできるのか？」「行動することによってCO_2をどれくらい減らせるのか？」という声が子どもから出てきて、探究活動のベクトルが揃ってきた。まだ、探究活動に慣れていない中学年に探究の方向性を示すことは、高学年や中学校での探究活動の基盤作りであり、丁寧に進めたい授業場面でもある。

【Aさんの理由】電気を使ったものは便利なものがほとんどで、（スマホ、タブレットなど）今だとみんなが持っていたり、社会にはとても大切なものだと思うから。また電気が一番CO_2を出すと思うから。電気は便利すぎるから、みんながつい使ってしまうと思うから。例えばタブレットを充電するときもいるし、お風呂を温めないと寒くなるので電気がいるし、生活には欠かせないものだと思ったから。
【課題】「電気製品のCO_2を減らす」
【解決方法と期待される効果】電気製品のプラグを抜く（CO_2が4.4kg減る）。エアコンの温度を1℃上げる（CO_2が1.2kg減る）。必要ない灯りはこまめに消す（まだ分からない）。

　Aさんは、一番CO_2を出しているのであろう電気製品に着目し、地球温暖化防止に取り組みたいと考えた。そして、どのような行動が、どの程度のCO_2削減につながるかを調べたいと思い、《わたしの夏休みせんげん》での省エネ活動に展開していった。

(3) 夏休みの行動化

　課題設定場面においてAさんは、「電気製品のCO_2を減らす」という課題を決めた。そして、《わたしの夏休みせんげん》において、次のようにプランを立てた。

Aさんの【せんげん】　使わない電気はこまめに消す
【活動計画】①いつ⇒できるだけ毎日（目標2週間）　②どこで⇒家　③だれが⇒家族全員　④何を⇒電気を　⑤どうする⇒使っていない部屋の照明をこまめに消す
【予想される結果】　CO_2が1.8kg減る。

　4年生の子ども達全員が、Aさんと同じように課題設定を行った。

【電気グループ】
「テレビをできるだけ見ないようにする」「炊飯ジャーの保温を止める」「家族が同じ部屋で団欒する」「主電源を切る」「エアコン温度を27〜28度にする」「お風呂は続けて入る」「天気の良い日は照明を消す」「寝る前、外出前に主電源を切る」

　自分一人でできそうなこと、それほど無理しなくても続けられそうなことを決めていった。エコチェッカー（省エネチェッカー）を家に持ち帰り、省エネ活動で消費電力、電気代、排出CO_2がどのように変化するのかを測定する子どももいた。

　夏休み期間中に、《わたしの夏休みせんげん》に取り組んだ子ども達の意識に変化があった。例えばAさんは「使わない電気はこまめに消す」ことに取り組んだわけだが、この取組に対して次のように振り返った。

＜成果＞自分の家族に地球温暖化のことを伝えられた。 ＜課題＞このクラスだけじゃ地球温暖化を防げない。大人は地球温暖化を甘く見ている。

　このAさんの「自分たちだけでは防げない」という意識が、この後の取組について次のように書かせている。

・まず近くの人から始めて、もっと多くの人に地球温暖化の恐ろしさを知ってもらう。 ・もっとCO_2を減らせる方法を使って、地球温暖化を少しでも止める。

　しっかりとした課題意識をもって《わたしの夏休みせんげん》に取り組み、そこでできることとできないことに、子どもの視線で気付き、大人の怠惰（?）を指摘し、そこで諦めず、自分を鼓舞し、課題意識が次の段階に高まったことが分かる。しかし、課題意識が高まったとしても、そこで探究が深まり、学びが深まったわけではない。

（4）専門家のフィードバック

　次の段階への導きにも、専門家の力を借りた。ここで専門家としてお願いしたのは、大下和徹氏（以降大下氏）である。大下氏は、京都大学大学院工学研究科准教授の工学博士であり、環境工学の専門家であると同時に、長岡京市の教育委員でもある。

> 【Ａさんの【教えてほしいこと】】
> ☆簡単に大きくCO_2を減らせることはできますか。どうやったらみんなが『地球温暖化が進まないようにしなきゃ‼』と言ってくれますか？

　取り組んでみて家族に地球温暖化のことは伝えたけど、自分たちだけでは地球温暖化を防ぐことはできない、と限界を感じたＡさんが、更なる段階に上がるために、【教えてほしいこと】として考えた。他の子ども達も、専門家に【教えてほしいこと】を考えた。

> ▼今の便利なままCO_2を減らすことはできませんか▼簡単にたくさんのCO_2を減らす方法はありませんか▼地球は温暖化で爆発しますか。▼どうしたら温暖化の恐ろしさをみんなに伝えられますか▼天気の良い日に照明を消すとどれくらいCO_2を減らすことができますか▼一気にCO_2を減らす方法がありますか▼今の少しずつのペースでCO_2を減らして2100年に間に合うのか、間に合わないのか気になる▼どれだけCO_2を減らしたら、地球温暖化を防げるのか▼一番CO_2を排出している活動は何か

　大下氏には9月26日に来ていただいた。この日は3部構成で準備いただき、環境工学の専門家という立場から、「地球温暖化について」「みんなの教えてほしいことについて」「どんな未来がいいですか?」と、ストーリー性のある流れで、子どもの興味関心が途切れることなく進んでいった。ここでは、「みんなの教えてほしいこと」の流れを紹介する。ここからがフィードバックの場面。前述の【教えてほしいこと】に対して丁寧に回答いただいた。子ども達の、夏休み中の2週間で取り組んだ《わたしの夏休みせんげん》で気付いた疑問や諦め、あるいはもっとできることなどを事前に送ってあったので、一人ひとりの【教えてほしいこと】に丁寧に答えていただくことができた。

　その中で特に多かったのが、「今の便利な生活を続けながら、CO_2を効果的に減らすことができないか」という問いである。大下氏からの回答は「家族が揃ってリビングで同じ時間を過ごすこと」。そのことで、他の部屋のエアコンや照明の電力消費を抑え、年間238kgのCO_2を減らすことができる。省エネやCO_2削減だけではなく、家族の親和性や団らん、絆につながることは、数字では表せないプライスレスな価値にもつながる。

また、大下氏は、「一つだけでもいいので、長くやっていく」と続けることの大切さを強く語っておられた。《わたしの夏休みせんげん》は2週間だけの取組であったが、無理なく、苦にせず、自然体で長く続けることが、結果として温暖化防止につながっていくのである。自分の生活スタイルに組み込める活動を探していくことが大切ということだ。

　前述の大下氏による出前授業を受けて、《わたしの夏休みせんげん》を振り返ることができた。子ども達の振り返りを見ていても、大下氏の小学4年生に向けた説明や回答が丁寧に為され、しっかり伝わっていたことが分かった。どのように深まったかを、子どもの振り返りをもとに紹介したいと思う。

【Aさんの振り返り】
子どもにもできる地球温暖化対策があることを知れてうれしかった。家に帰ってさっそくやってみようと思う。まずは簡単な対策からみんなに教えてあげようと思った。そう簡単に地球温暖化は防げないけど、大下先生が言っていた簡単な対策からがんばりたいと思う。地球を大切にしたいとあらためて思った。

　Aさんは、《わたしの夏休みせんげん》で、「使わない電気はこまめに消す」と宣言し、2週間取り組んだ。取組を振り返って「もっとCO_2を減らせる方法を使って、地球温暖化を少しでも止める」とその意気込みを記した。でも、＜もっとCO_2を減らせる方法＞については、「電気のプラグを抜く」「エアコンの温度を1度下げる」という我慢や努力を強いるような省エネ活動から、「家族が同じ部屋で団欒し、エアコンや照明の利用を減らす」という家族の絆や団欒が深まる省エネ活動の紹介に納得がいった。他の子どもの学びについても紹介する。

【振り返りから】
▼僕が今回分かったことは、一人だけでも省エネをする意味があるということです。顔を洗うときに水をためることを頑張りたいです▼＜電気＞で簡単にできる方法でいいなと思ったのは「家族が同じ部屋で団欒し、エアコンと照明の利用を減らす」がいいと思いました▼長く取組をしていったら少しぐらいは地球温暖化を防げるんだと改めて思いました▼みんなが協力して二酸化炭素を減らさないといけないことを強く思いました

　最初の探究だけでは、多くの子どもが、ここまでの深い学びにはつながらず、今回の専門家のフィードバックは大変効果的だったと捉えている。

4. 実践の評価

　Aさんは当初、気象予報士の出前授業を受け、家庭から出るCO_2を減らそうと課題を設け取り組んでいったが、自分たちだけでは温暖化を抑制することは無理なことに気付いた。「では、どうすればいいのだろうか」という疑問に環境工学の専門家から「家族で一緒にリビングで過ごせば、それだけでCO^2排出を抑えていることになる」と目から鱗のような示唆を受けた。「家でさっそくやってみたい」という行動化に結び付いた学習であ

った。

　エネルギー環境教育は、エネルギー問題の解決の担い手を育てる教育である。学んだことが、諸問題の選択や行動化に結び付かなくては意味の薄い教育活動である。本実践において、探究活動に自らの実生活での行動化を取り入れたことが、前述のＡさんのように、問題解決は簡単なことではないという葛藤と専門家からのフィードバックによるワンランクアップの探究につながったと捉えている。

　他にも多くの連携機関の協力のもと成り立っている学習であるが、他の機会で実践報告（フルバージョン）を伝えることができればと思う。4年生の発達段階に即したグローバルな観点で地球温暖化問題を捉え、自分にできる取組を追究していった探究である。学習行程の場面に応じて、専門家の方に授業に参加いただき、正しい知識・情報とより深い学びにつながる導きをしていただけたことに感謝している。ありがとうございました。

発電イモで日本の火力発電を考えよう
～大崎クールジェンから学ぶ～

山野元気（八尾市教育委員会事務局教育センター）

1. 実践の意図と目標

　　二酸化炭素排出量が多いとされる石炭火力発電は、脱炭素に向けた世界中の大きな流れの中で、非難の対象となり廃止を求められている。しかし資源の乏しい日本は、高効率石炭火力発電所の新規建設など、高い技術力で石炭火力の使用を模索し続けている。

　　また、日本は火力発電の割合が約8割あり、脱炭素と向き合うには、再生可能エネルギーを増やすだけでなく、火力発電をより深く考える必要がある。そこで、石炭ガス化複合発電（石炭から一酸化炭素と水素が主成分のガスを分離する）を開発した大崎クールジェンの職員の方にもアドバイスをいただき、石炭、天然ガス、石油、石炭ガスの特徴を学び、これからの火力発電を考える授業をつくった。「大崎クールジェン」の取り組みを学校教育に取り入れることは、持続可能な社会を実現させることに大きくつながると考えた。

　　授業のねらいは
・グローバルな視点をもち、3E＋S（環境、経済、安定供給、安全）の観点で自分ごととして日本の電力について考える。
・日本の科学技術力の高さに気付き、脱炭素社会に向けて自分にできることを考える。
とし、目標は次の通り、総合的な学習の時間としての目標を踏まえるとともに、エネルギー環境教育の視点を盛り込んで、以下のように設定した。

知識・技能	3E＋Sなど多様な観点が存在していることを理解し、互いに関わりながらバランスをとる必要性を知る。 日本の石炭火力技術のレベルの高さを知る。
思考力・判断力・表現力等	環境面、経済面など多様な考えを理解した上で、根拠をもって自分の考えを表現している。 自分たちの生活と関連付けて考え、グローバルな視点をもって自分の考えを適切に表現している。
学びに向かう力・人間性等	3E＋Sなど多面的な視点をもって調べようとする。 脱炭素について自分ごととしてとらえ、将来について真剣に考えようとする。

2.実践の構造

単元計画は以下の通りである。

時	学習テーマ	主な内容	目標とのかかわり
1	脱炭素について学ぼう	3 E+S（環境・経済・安定供給・安全）の視点を踏まえ、世界的に進む脱炭素について調べる。	知識・技能 思考力・判断力・表現力等
2	発電イモで日本の火力発電を考えよう ～大崎クールジェンから学ぶ～	火力発電の燃料を架空のイモに例えた課題から、多様な考えを理解した上で、根拠をもって自分の考えを発表する。	知識・技能 思考力・判断力・表現力等 学びに向かう力・人間性等

発電イモで日本の火力発電を考えようの展開は以下の通りである。

	学習活動	指導上の留意点
導入	火力発電の割合と、学習の設定を確認する。	「石炭イモ」「ガスイモ」「石油イモ」など、実際には存在せず、わかりやすくするための架空のものであることを押さえる。実際の数値をもとに計算しているので、比率としては正しいことを押さえる。
展開1	あなたはどのイモを選びますか。 1．イモを選び、理由を考える。 2．他校から石炭イモの不買を要求された後、再び考える。	経済面と環境面で考える児童がいることを共有しておく。ガスイモも、おならが出ることを確認しておく。自分ごととして考えるようにさせる。
展開2	3．大崎クールジェンの石炭ガス化イモの特徴を学ぶ。 日本の未来や、地球のために必要だと思うことは何ですか。 4．これからの未来について必要だと思うことを考える。	燃焼時に二酸化炭素が出ないことと、別の施設を造る建設費が必要なことを押さえる。 省エネ・技術開発・意識改革・資金調達・パートナーシップなど、さまざまな観点を共有させるようにする。
まとめ	ふりかえり	

　火力発電の燃料の特徴を児童によりわかりやすく自分ごととしてとらえられる工夫として以下のように設定した。

①燃料　　　　　→　架空のイモ（石炭イモ、ガスイモ、石油イモ）

②燃料代　　　　→　給食費（自分の貯金で支払う）

③二酸化炭素　→　おなら

に例えて考えさせることとした。

　イモは石炭イモ、ガスイモ、石油イモの3種類で、それぞれの特徴は以下の通りとした。

イモの種類	給食費（1年間）	特　　徴
石炭イモ	10万円	1時間に4発おならが出る
ガスイモ	20万円	1時間に2発おならが出る
石油イモ	40万円	1時間に3発おならが出る

　二酸化炭素をおならとして考えることで、周りにも影響を与えることに気付かせ、給食費は自分の貯金から払うという設定にすることで、自分ごととして考えられるよう工夫した。

　値段とおならの量は、大崎クールジェンの職員の協力で、実際のコストと二酸化炭素の発生量をもとにして、ほぼ同じ割合となるように設定した。

　授業の後半に大崎クールジェンが開発した石炭ガス化イモを登場させることで、石炭を禁止する以外にも科学技術の進歩が課題解決につながることに気付くようにした。

イモの種類	給食費（1年間）	特　　徴
石炭ガス化イモ	10万円	おならになる成分を先に取っているので、おなら0発

（※しかし専用の建物を新しく造るため、お金がかかります。）

3. 実践の流れ

1．脱炭素について学ぼう

　世界規模で推進している脱炭素について詳しく調べる。環境に偏った脱炭素推進にならないよう、環境・経済・安定供給・安全の3E+Sの視点を理解させてから学習に取り組む。

　理科の「空気を通した生物のつながり」の内容と関連させることで、教科横断的に扱った。児童は「火力発電の割合を減らす。」「再生可能エネルギーの割合を増やす。」「原子力発電の割合を増やす。」など、二酸化炭素の排出を減らす考えだけでなく「植物を増やす。」「集めた二酸化炭素を地下に埋める。」など、二酸化炭素を吸収・回収する考えも出していた。

　また、「火力を減らすと安定供給できなくなるかもしれない。」「再生可能エネルギーは作るのにコストがかかるし、発電も不安定。」「原子力発電は安全性に不安がある。」など、それぞれの発電の特徴を踏まえ3E+Sの視点で考えを深めていく姿も見られた。

　児童の感想では「再生可能エネルギーのように環境に偏ると、経済に問題が出てくる。」「経済優先でいくと、環境や安全性に問題が出てくる。」「それぞれのバランスをとるのが難しいと思った。」など3E+Sの視点をもって脱炭素について考えることができた。

2．発電イモで日本の火力発電を考えよう〜大崎クールジェンから学ぶ〜
（1）火力発電の割合と、学習の設定を確認する

　日本の火力発電の割合が約8割であることを理解し、その燃料である石炭、天然ガス、石油の特徴をわかりやすく理解するために、石炭イモ、ガスイモ、石油イモの3種類の架

空のイモの設定を確認する。児童は給食費が自分の貯金から支払われるという設定に、実感を伴って経済面についても考えられるようになった。

石炭イモ　　ガスイモ　　石油イモ

燃料代を給食費として考えます。

給食費はあなたの貯金で払うと
考えてください

スライドの一部抜粋

イモの種類	給食費 (1年間)	特徴
石炭イモ	10万円	1時間に4発 おならがでる
ガスイモ	20万円	1時間に2発 おならがでる
石油イモ	40万円	1時間に3発 お ならがでる

（2）イモを選び、理由を考える

初めに燃料イモを選択した児童の割合と理由は以下の通りであった。

イモの種類	給食費（1年間）	特　徴	児童の割合
石炭イモ	10万円	1時間におならが4発	31％
ガスイモ	20万円	1時間におならが2発	68％
石油イモ	40万円	1時間におならが3発	0％

石炭イモを選んだ理由（10名）

　①安いから。

　②他のイモでも、どうせおならは出るから、安いほうがよい。

ガスイモを選んだ理由（22名）

　①少しぐらい高くても、おならが出ないほうが空気を汚さない。

　②10万円で2発減るなら払う。1年で考えるとすごい量のおならになる。

　③どれだけ安くても空気を汚す石炭イモはよくない。

（3）他校から石炭イモの不買を要求された後、再び考える

その後、発問②の「おならは環境によくないことがわかり、他校から石炭イモを買わないでほしい」との要請を受けて、再度考えた結果、初めに石炭

石炭イモの不買を他校が要求後、再度考える
おならは周りの人にも迷惑がかかります。

これ以上、石炭イモを買わないで！

他の学校から
注意されました

イモを選んだ10人の変化は以下の通りであった。

10人中	選んだ理由
石炭イモ（7人）	自分のお金なので安いから。他校と自校は別の話。
ガスイモ（3人）	迷惑をかけているから。周りに合わせようと思う。

（4）大崎クールジェンの石炭ガス化イモの特徴を学ぶ

　そして、日本の火力発電の燃料の割合や、二酸化炭素による地球温暖化の現状、大崎クールジェンの石炭ガスイモの特徴を学んだあと、「日本の未来や地球のために必要だと思うこと」について考えた結果は以下の通り、3E+Sの視点に加え、技術進歩や教育及び人材育成など、多様な考えをもつことができた。

⑥おならは二酸化炭素を表しています。地球温暖化の原因になり、豪雨や台風などの気候変動につながります。日本の火力発電の燃料の割合は円グラフの通りです。（資源エネルギー庁「電力調査統計」などからIBEPが作成）

⑦しかし、大崎クールジェンプロジェクトという新しい技術で、石炭ガス化イモが発明されました。

イモの種類	給食費（1年間）	特徴
石炭ガス化イモ	10万円	おならになる成分を先に取っているので、おなら0発

（※しかし専用の建物を新しくつくるため、お金がかかります。）

⑧これからの日本の未来や地球のために、あなたが必要だと思うことは何ですか。

ワークシートの一部抜粋

児童の考えの観点別一覧　（　　）は人数

　①環境のためにはお金をもっと稼ぐ必要がある。……………………………………… 経済（5）
　②二酸化炭素を減らす機械を開発する必要がある。………………………… 技術進歩（14）
　③太陽光発電など二酸化炭素を出さない発電を増やす。……………… 再エネ拡大（9）
　④水素カーを買う。近くのお出かけは自転車で行く。……………………… 省エネ（7）
　⑤伐採をやめて、植物を増やして二酸化炭素を減らす。…………………… 自然環境（12）
　⑥一人ひとりが脱炭素でできることを考え進んで行動する。………… 意識改革（7）
　⑦世界の国同士や、国民同士が協力し合う。……………………… パートナーシップ（5）
　⑧脱炭素の重要性を理解できるように国民の民度を上げる。………… 教育（1）
　⑨新エネルギー開発のための科学者や天才を育てる。……………………… 人材育成（2）
　⑩新しいエネルギー資源を発見する。………………………… 新エネルギー開発（1）
　⑪生活を維持するため、火力発電はこれからも必要………………………… 安定供給（3）

児童の考えの観点別グラフ化

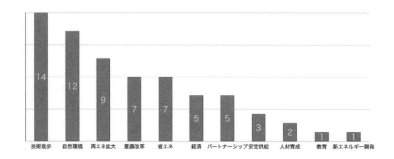

4. 実践の評価

　成果としては、わかりやすい設定にすることで自分ごととして真剣に考えられる児童も多く見られ、感想では以下のような内容があった。

「イモに例えたことで、すごくわかりやすかった。他の学校でもするべき。」

「脱炭素社会の重要性が、具体的によくわかった。日本はすごいなと思う。」

「これからの地球がどうなっていくか、楽しみと不安のどっちもある。」

「取り除いた二酸化炭素を活用する方法も知りたい。」

「ぼく達が未来を変えていこうと思う。力を合わせることが大切だ。」

「ぼくの夢は脱炭素に関わる仕事ではないが、二酸化炭素を減らす努力は一人ひとりができるのでしていきたい。」

「二酸化炭素を無くす機械をつくるのは、6年1組なのかなぁと思う。」

　このように、脱炭素社会について真剣に考えられる児童が増えた。さらに、経済、環境、安定供給の3Eの視点にだけでなく、意識改革や技術進歩、パートナーシップなど、多様な考え方をする児童が多く見られた。

　課題としては、＋Sの安全面や、燃料の輸入の実態などについて考えられる要素が少なかったことだ。エネルギー自給率の問題や、火力発電以外の発電方法についても脱炭素の観点で考えられる機会を増やしていく必要がある。

<参考資料>
2030年エネルギーミックス実現のための対策　　資源エネルギー庁　平成29年
電力調査統計　資源エネルギー庁　令和元年

選挙で原発について考えよう
～科学の力でタイムトラベルをしよう～

山野元気（八尾市教育委員会事務局教育センター）

1. 実践の意図と目標

　2011年3月11日の福島第一原子力発電所の事故から10年以上たった今でも、日本国内では脱原発の考えが多数を占めている。しかし地球全体では温暖化防止のため脱炭素化が進み、二酸化炭素排出抑制が進められている。エネルギー環境教育に携わったことで、エネルギーの安定供給の重要性や、他国の情勢に大きく影響を受ける日本の資源の乏しさを知ることができた。そこで、民主主義国家の国民として正しい情報やデータを根拠にエネルギーを選択する力が必要であると感じた。持続可能な社会の実現のためにはグローバルな視点で物事を多面的にとらえる力が必要であり、選挙によりエネルギー源の選択が迫られる日が来たとき、国民一人ひとりが根拠をもって投票できることが重要であると考える。

　本実践で最も気を付けることは、教師は原発推進・反対のどちらの考えにも偏ることがなく、中立の姿勢で指導することである。本実践は原発の推進や反対の意思決定をすることが目的でなく、児童一人ひとりが根拠をもってエネルギー源を選択させることである。そこで、本時の目標は以下の通りとした。

知識・技能	法やきまりの意義を理解することができる。 自分たちの将来とエネルギー問題が深くかかわることを理解することができる。
思考力・判断力・表現力等	3E＋Sの観点や多様な考えを理解したうえで、日本の未来やグローバルの視点で根拠をもって自分の考えを表現することができる。
学びに向かう力・人間性等	選挙の意味を理解したうえで、エネルギーの視点をもって自分たちの役割や責任に自覚をもつことができる。

2. 実践の構造

　本実践は第6学年の総合的な学習の時間でエネルギー環境教育として扱ったが、模擬選挙を行うことから、社会科の発展で主権者教育やキャリア教育として教科横断的に扱うことができる。

　単元全体の計画は以下の通りである。

時	学習テーマ	主な内容	目標とのかかわり
1	各発電の特徴を知ろう	日本のエネルギー事情を知り、各発電の特徴を調べる。	知識・技能
2	福島第一原発の事故について知ろう	福島第一原発の事故の原因や現在の様子を知り、今も復興に向けてさまざまな努力をしていることを調べる。 事故後に定められた原子力発電所の新規制基準で強化された内容を知り、強化前の基準と違いを比べる。	知識・技能 学びに向かう力・人間性等
3	選挙で原発を考えよう〜科学でタイムトラベルをしよう〜	原発推進派と反対派の立候補者のどちらに投票するかを考え、実際に模擬投票する。 自分が選んだ未来はどうなるのかを考え、発表する。	知識・技能 学びに向かう力・人間性等

3．選挙で原発を考えようの指導案及びワークシート（抜粋）は以下の通りである。

	学習活動	教師の支援	評価規準
導入（1分）	原発推進派のAさん反対派のBさんのどちらに投票するか考えよう。	6年後には選挙権が与えられることを伝える。	
展開	①原子力発電所の長所・短所を考える。 ②討論会をする。 ③投票する。	「かがやけみんなのエネルギー」の冊子を参考に考えさせる。 討論では自分の主張を言い合うことを伝え、相手の主張を批判することの無いよう事前に指導する。	①CO_2削減、安全性、エネルギーの安定供給など、科学的な根拠をもって説明できる。 ②相手の考えと自分の考えを比べることができる。
まとめ（6分）	開票する。 勝った側の「その後の未来を考える。」 感想を書く。	選挙で決まったことには前向きに考える指導をする。 6年後には本当に選択する場面があることを伝える。	どちらの未来にも、長所と短所があることを学ぶ。

3. 実践の流れ

(1) 各発電の特徴を知ろう

　5年生の社会科の学習で、資源の乏しい日本は、多くの資源を海外から輸入していることを習ってきた。そこで、身近なエネルギーである電気について調べることで、約8割の電気は火力発電で作られ、その燃料は海外に依存していることに気付く。地球温暖化の原因となる二酸化炭素を排出する火力発電の割合がなぜ高いのか、再生可能エネルギーをもっと増やすにはどうすればよいかなど、児童が主体的に調べていくことで、各発電の特徴を学んでいく。副教材「かがやけ！みんなのエネルギー」を参考に調べていくことで、正確なデータを根拠として各発電の特徴を知ることができる。また、資源エネルギー庁のホームページにある「電力バランスゲーム〜町に電気をとどけよう〜」を体験することで、火力発電の安定供給について実感を伴って理解することができる。児童は、

　「火力発電は安定して発電できるから割合が多いんだな。」

　「でも二酸化炭素を出すから、火力発電を減らさないといけない。」

　「再生可能エネルギーをもっと増やせばいいと思っていたけど、不安定だから結局電力
　　供給量を調整できるのは火力発電だ。」

　「原子力発電は二酸化炭素も出さないし、安定して発電できるからもっと増やせばいい
　　のに。」

　「でも事故があったから、安全第一じゃないといけない。ゴミの問題も解決していない
　　し。」

など、地球温暖化の視点をもちながら、さまざまな発電の特徴について学ぶことができていた。

(2) 福島第一原発の事故について知ろう

　児童にとって、原子力発電は安定供給ができて二酸化炭素を出さないなど、メリットのイメージはつきやすいが、デメリットである危険性については、具体的にイメージしにくいため、実際に事故が起きた福島第一原発周辺の様子について学習する。

　学習で大切にしたことは、

　①福島第一原発の事故の重大さを学ぶ

　②原子力発電所の新規制基準で強化された内容について知るの2点である。

　10年以上たった今でも立ち入り禁止の場所があることや、科学的には安全と証明されているのに風評被害で苦しむ地元の人など、放射能漏れの事故の重大さを知ることで、他の発電と大きく異なる危険性があることを知ることができた。

　また、その事故を受けて、二度と同じことが起きないように、津波対策やテロ対策など、強化された新規制基準が定められ、現在稼働している原子力発電所はその基準をクリアしていることにもきちんと触れておく。児童の感想は、

　「放射能の事故は、普通の事故とは違い、何十年も影響することが分かった。」

「風評被害は、ちゃんと勉強していたら起きないと思った。」

「今でも苦しんでいる人がいるなんて、絶対に原発の事故は起きてはいけないと思った。」

「新しい基準に合格した原発しか動いていないから、原発の割合が少ない理由が分かった。」

(3) 選挙で原発を考えよう〜科学でタイムトラベルをしよう〜

原子力発電の特徴を知ることで、自分たちの将来について、真剣に考えられるように、「模擬選挙」を実際に行う展開にした。

①原子力発電の長所と短所を考える。

「かがやけ！ みんなのエネルギー」の冊子をもとに、長所と短所を考えた。児童の考えは以下の通りであった。

	原発あり	原発なし
長所	少ない燃料でたくさん発電できる。 二酸化炭素を出さない。 安定した発電ができる。 資源の輸入が止まっても2年は発電できる。	放射能もれの心配がない。 地震が来ても原発事故は起きない。 安全に過ごせる。 再生可能エネルギーの普及が進む。
短所	事故が起きると大災害になる。 ごみが何万年も残る。 原発近くの地域は危険がつきまとう。 テロに狙われる。	電気が足りなくなる。 資源の輸入が止まると、火力発電が止まる。 火力発電に頼り、二酸化炭素が増える。 再生可能エネルギーは不安定。 電気代が高くなる。

②自分はどちらか決める。

原子力発電の長所と短所を踏まえ、自分は推進派のAさんか反対派のBさんのどちらに投票するか決めた。初めの選択では、推進派、反対派とも半々の状態であり「どちらかといえば、反対かな。」など、迷っている児童も多かった。

③推進派・反対派に分かれて討論

その後の討論では、このようなやりとりが見られた。

原発推進派	原発反対派
・電気が足りなくなるけどいいの？ ・二酸化炭素が出るし、資源の輸入の費用も高いよ。 ・再生可能エネルギーは不安定で発電量も少ないよ。すごい費用で電気代が上がるよ。 ・原発事故は、地震の揺れではなく、津波が原因で起きたよ。水害対策を強化したから同じ事故は起こらないよ。 ・資源が少ない日本こそ、輸入が止まっても発電できる原発は向いているよ。 ・太陽光発電の土地はあるのに、ゴミを埋める土地はないの？ ・電気は使うけど、ゴミはイヤとか、無責任じゃない？ ・安全で、安定して使える発電方法が見つかるまでは、原発で発電すればいいと思う。	・火力発電があるから大丈夫。 ・安全な再生可能エネルギーがあるよ。 ・少ない発電量でもたくさんつくれば大きな電力になるよ。 ・事故が起きるよりはいいよ。日本は地震が多いから、原発は向いていないよ。 ・土地が狭い日本には原発のゴミを埋めるところはないから、やっぱり原発はいらないよ。

世界規模の環境問題や資源の少ない日本の現状及び新基準による安全策の強化を訴えかける推進派と、国土が狭く地震の多い日本において、ゴミ問題や安全への不安を訴えかける反対派の討論は、参観していた教職員からも「大人以上の討論だ。」と声が漏れるほどの高レベルな討論となった。

④再度自分はどちらを選ぶか決め、投票する。

　討論後、模擬投票を行った結果。42対8で原発推進派のＡさんが当選した。

　討論前は半々であったが、討論後は推進派へ考えを変容する児童の姿が多く見られた。

⑤勝利した側の未来（さらに30年後）を考える。

　その後、「科学でタイムトラベルをしよう」と、原発を稼働し続けた20年後の未来を予想させた。その結果は以下の通りであった。

＜原発がある未来＞

・電気は安定して使用できる。

・電気代は大きく変化せず、今の生活を維持できる。

・また事故が起こり、立ち入り禁止の場所が増えているかもしれない。

また、原発反対のＢさんが勝利した場合にも触れた結果、

＜原発がない未来＞

・放射能漏れの事故の心配はなく安心して過ごせる。

・二酸化炭素は増えて、地球温暖化は加速している。

・電気代は上がっている。

・資源の奪い合いが起きているかもしれない。

　このように、原子力発電には長所・短所があり、自分たちの選択により日本や世界が大きくかかわっていくことを学ぶことができた。

　ただし、再生可能エネルギーの安定供給化や、火力発電の脱炭素化など技術力が進化することで、状況は変わっていくこともおさえた。

⑥感想

児童の感想は、

・「快適と安全を兼ね備えた新エネルギーを、私たちがつくっていかなければいけない。」

・「実際に投票して、とても悩むことがわかった。どちらの人の気持ちを考えればいいのか……。未来の選挙でよく考えたい。」

・「６年後には、このようなことを本当に決めるんだなと、真剣に考えていかなければいけないと思った。」

など、選挙権の重要性に気付き、エネルギーの視点をもって、自分たちの将来を真剣に考える様子が多く見られた。

4.実践の評価

　実践の成果としては、自分たちの将来をエネルギーの視点で真剣に考える児童が多く見受けられた。また科学的なデータや、日本の現状を根拠として自分の考えを表現する児童も多く見られた。さらに、主権者教育の観点からも、選挙を通じて政治に参加するという重要性に気付くことができた。

　また、この実践の「（3）選挙で原発を考えよう〜科学でタイムトラベルをしよう〜」のみを出前授業として他校で実践したところ、討論では推進派の「電気が足りなくなるけどいいの？」「地球温暖化は進むけどいいの？」「電気代は上がるけどいいの？」の質問に対して反対派は誰も反論できずに終わったにもかかわらず、選挙の結果は7対17で原発反対のBさんが当選した。このことにより、児童は科学的データや発電の特徴などを理解せず討論すると、根拠をもって討論できず、討論により考えを深めることが困難であることがわかった。

　日本の未来のためにも、正しい情報やデータを根拠に自分の考えをもつことができるきっかけとして、エネルギー環境教育を今後も普及させていきたい。

<参考文献>
経済産業省資源エネルギー庁（2015），「かがやけ！ みんなのエネルギー」

Ⅲ

中学校における
エネルギー環境教育の実践例

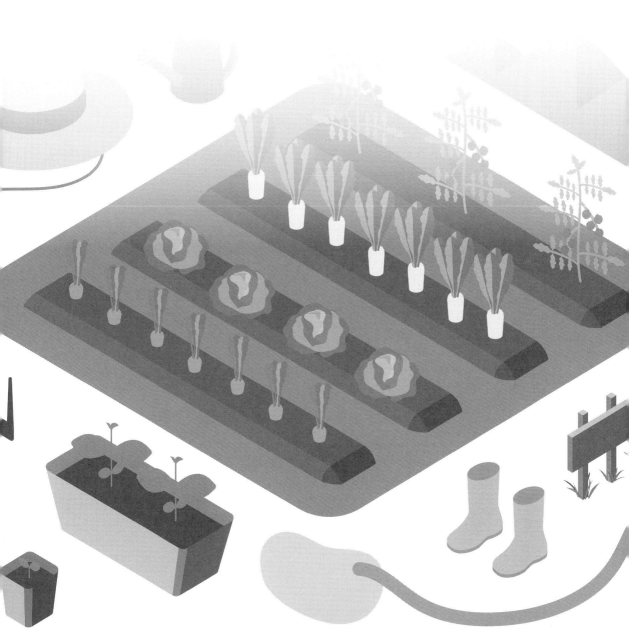

"エネルギーデータ まるっと World Map!"で エネルギー自給率を考える

～中学生向け副教材「わたしたちのくらしとエネルギー」導入動画と組み合わせた社会科授業～

山本照久（加古川市立加古川中学校）／実践者：山端宏宗（同校）

1. 実践の意図と目標

　エネルギー環境教育の4つの視点の中で、「エネルギーの安定供給の確保」を取り上げた授業実践は、他の3つと比べると少ない。特に、ピンポイントに「エネルギー自給率」を取り上げることは極めて稀である。しかしながら、日本のエネルギー自給率が世界の中で極めて低いと知ることは、エネルギー環境教育を進めていくうえで不可欠である。

　そこで、誰もができる「エネルギー自給率を考える」1時間の授業プランをつくることとした。その際、GIGAスクール構想の進む教育現場の状況をふまえ、本校オリジナルのデジタル教材と資源エネルギー庁発行の中学生向け副教材「わたしたちのくらしとエネルギー」（以下、「副教材」とする。）の導入動画を活用した。

　本校オリジナル教材とは、「エネルギーデータ まるっと World Map！」（以下、「本教材」とする。）のことで、現在、エネルギー教育推進事業事務局のホームページ「未来を考える・創るSDGsエネルギー学習推進ベースキャンプ」（以下、

表1　「エネルギーデータ まるっと World Map ！」掲載データ

4つの視点	エネルギーデータ
エネルギーの安定供給の確保	一次エネルギー供給量
	エネルギー自給率
地球温暖化問題とエネルギー問題	エネルギー起源CO_2排出量
多様なエネルギー源とその特徴	一次エネルギー供給構成
	発電電力構成
	水素産業に関わる特許の2010-2019年間の国別トータルパテントアセット上位10か国
省エネルギーに向けた取り組み	一人あたりの一次エネルギー供給量
	GDPあたりのエネルギー供給量

「HP」とする。）に掲載されている。本教材は、表1のとおり世界地図に示された8種類のデータをもとに、エネルギー教育の4つの視点ごとに学習できるように工夫しており、主に社会科で、エネルギー環境教育授業を実施する際に活用できる。また、8種類のデータごとに副教材の参照ページを記しており、副教材と一緒に活用もできる。さらに、世界地図に示された11か国の主なエネルギー情報や社会指標のデータが見られるので、教員の工夫でさらに活用の幅を広げることができる。

　なお、副教材の導入動画も、HPに掲載されている。

　本来、「エネルギーの安定供給の確保」を取り上げるとすれば、地理的分野の単元「日本の地域的特色」の「日本の資源・エネルギーと電力」で扱うところだが、本実践は、地理的分野のどの単元にも組み込むことができる。中でも、組み込みやすい単元を紹介する。

2. 実践の構造

(1) エネルギー環境教育実践の工夫

　地理的分野アジア州の単元に、本実践を1時間加えることで、世界のエネルギー自給率と比較し日本が極めて低いことに気付き、これからの日本のエネルギー安全保障を考えるようにした。

　前時に、世界の石油事情について学んでいるので関連させやすく、エネルギー消費が拡大し

学習活動・内容　（全8時間）	
1	アジア州の自然環境　（1時間）
2	アジア州の農業・文化と経済発展　（1時間）
3	経済発展を急速に遂げた中国　（1時間）
4	最も近い隣国、韓国　（1時間）
5	経済発展を目指す東南アジア　（1時間）
6	産業の発展と人口増加が急速に進む南アジア（1時間）
7	資源が豊富な中央アジア・西アジア　（1時間）
8	エネルギー自給率を考える　（1時間）

ている中国やインドの学習後でもあるので、生徒がエネルギーについて考えやすい単元である。

(2) エネルギー環境教育のねらい

　○中国、インドなどのアジア経済発展にともない、エネルギー消費量が増えていることを知る。

　○中央アジア・西アジア、特に中東地域が、エネルギー供給国として世界に大きな影響を与えていることに気付く。

　○日本のエネルギー自給率が低いことを知り、エネルギー安全保障について考える。

(3) 本時の目標

　○日本のエネルギー自給率が、世界と比較して、極めて低いことを知る。

　○日本のエネルギー安定供給の確保について考える。

(4) 本時の展開

過程	学習活動	指導上の留意点	ICT活用場面
導入	1「クイズ! 何の数字de show⑤社会科編」の動画を見る。	・11%という数字が何の数字なのか考え、日本のエネルギー自給率が他国に比べて圧倒的に少ないことを押さえる。	○大型モニター ○chromebook ・大型モニターで動画を視聴する。
	なぜ、日本のエネルギー自給率はこんなにも低いのだろう。		
展開	2「エネルギー自給率」という言葉の意味を確認する。	・視覚資料などを用いて、エネルギーという語句のイメージが付くように分かりやすく説明する。	○大型モニター ・Googleスライドで説明する。
	3「エネルギーデータまるっとWorldMap!」を用いて、日本のエネルギー自給率が低いことを再確認する。 4 わたしたちのくらしとエネルギーP15の「日本のエネルギー資源の輸入先」のグラフにある国との関係性を調べる。	・日本が、エネルギー資源を輸入に頼っていることを必ず押さえる。 ・自給率が高い国は、自国でエネルギー資源を確保できるから自給率が高く、輸出する余裕まであることを押さえる。 ・輸入できなくなった時に、日本はエネルギー不足に陥ることも押さえる。	○大型モニター ○chromebook ・大型モニターで、国別のエネルギー自給率を見る。 ・Googleクラスルームに添付してある資料を見る。
	これからの日本で、エネルギーを確保するために必要なことは何だろう。		
	5 発問に対する意見をペアで話し合う。 ・輸入先と仲良くする。 ・自国で技術開発する。		○chromebook ・Googleジャムボードで意見を提出し、発表する。
まとめ	6 本時を振り返る。	・授業で分かったこと、考えたことを書くようにする。	○chromebook ・Googleフォームに振り返りを記入する。

3. 実践の流れ

(1) エネルギー自給率を知る

副教材導入動画「クイズ!何の数字de show⑤社会科編」(以下、「本動画」とする。)の第1問を途中まで見て、実際に「11%は何の数字か」を考えた。動画内容から、「世界における日本の石油の生産割合」等は出たが正解はなかった。その後、続きを見ると、正解が示され「エネルギ

ー自給率」の説明があった。分かりやすい説明で、言葉の意味を多くの生徒が理解でき興味をもって学習できた。

(2) 本教材の活用

まず、本教材の「エネルギー自給率」データから気付くことを発表した。「日本は低くてやばい！」「他の国すごいな…」「オーストラリアやサウジアラビアがとても高い」などの声があがった。

その後、右のように副教材p.15「エネルギー資源の輸入先」のグラフと合わせて見て、分かることを考えた。その結果、

次のような発表があった。

・日本が一番少ない

・石炭はオーストラリアが一番多い

・石油はサウジアラビアからの輸入が多い

・石炭と天然ガスはオーストラリアに頼っている

・面積が広くても自給率は高いわけではない

・ブラジルは自給率100％を越えている

つまり、日本の輸入先が自給率の高い国だと気付き、日本は自給率の高い国からの輸入に頼っていることがわかった。このように、主な国のエネルギー自給率を比較することで、エネルギーの輸出・輸入の関係をうまくとらえることができた。

(3) 日本のエネルギー安全保障

日本が、エネルギーを確保するためにどうすればよいかを、Googleジャムボードを使ってペアで考えると、主に次のような意見が出た。

・省エネをする

・輸入先と仲良くする

・再生可能エネルギーを増やす

・日本で生産できるエネルギーを開発する

さまざまな意見が出たが、どれも間違いではなく、実際にどうすれば良いかをこれからの学習でさらに考え、将来、社会人として判断できるように伝え、実践を終えた。

4. 実践の評価

(1) 成果

　本実践を終えて生徒が提出した主な感想である。

> Ａ：輸入先の国のエネルギー資源や日本との関係が変わってしまったりしてエネルギーが不足しない
> ように、日本でエネルギー自給をできる環境をつくったり、日々の生活でうまく節約していくこ
> とが大切だと分かった。
>
> Ｂ：日本は工業が発展していると感じていましたが、だからといってたくさん資源が取れる国という
> わけではないんだなと思いました。
>
> Ｃ：日本は、資源が少ないから、エネルギーを使うためにたくさんの国が協力してくれていることが
> 分かりました。オーストラリアや、サウジアラビアが、たくさん協力してくれていることが分か
> りました。
>
> Ｄ：日本は、エネルギー自給率が、11％とものすごく低く、ほとんどを輸入にたよっている事つまり、
> 輸入先で、戦争や災害などがあったら、ものの価値が上がり、日本の物価が急激に上がる。

　1時間の授業であったが、感想を読んでもわかるように、日本は「エネルギー自給率」
が低く、エネルギーを安定的に確保しなければならないと、多くの生徒が気付くことがで
き、本時の目標を達成することができた。

　その要因は、次の2つと考えられる。

　まず1つは、本教材と本動画の組み合わせが、生徒の理解を進めるうえで効果的であっ
たことである。グラフの読み取りを苦手とする生徒も多い中、視覚からの情報が直感的な
理解を深めることにつながったと考えられる。その結果、感想Ａ〜Ｃのような一歩踏み込
んだ感想が出された。

　2つめは、ICTの活用である。右のようなペア
学習は、ふだん発表しない生徒も授業で活躍で
き、2人で意見交換した後、多くの意見を画面
で見ることで、生徒の考えも深まっていた。ま
た、感想は、Googleフォームで集めたものだが、
こうした感想を次時にすぐに提示できることで、
感想Ｄのような1年生とは思えないような考え
もあることを他の生徒に伝えることができる。

(2) 課題

　大きな課題は、「エネルギー自給率」が、ほと
んどの教科書で取り上げられていないことであ
る。したがって、単元計画の際、意図的に本実
践のような授業を組み込まなければならない。1

年生の世界地理で、ぜひ取り上げてほしい。

　そのうえで、本実践を1時間だけの学習に終わらせず、エネルギー環境教育の導入教材と位置づけ、3年間を見通した社会科授業として、または、理科や総合的な学習の時間との教科横断的な学習として計画をしてもらいたい。

　以上のように、本実践は、1時間で「エネルギー自給率」を学ぶことができるので、ぜひ、社会科地理的分野で取り入れてほしい。

日本の発展とエネルギーとの関係を考える

山本照久（加古川市立加古川中学校）／実践者：松本寮裕（加古川市立平岡中学校）

1. 実践の意図と目標

　中学校社会科におけるエネルギー環境教育の取組において、歴史的分野の授業実践は他分野に比べて少ない。また、エネルギー環境教育の4つの視点の中で、「エネルギーの安定供給の確保」を取り上げた授業実践は、他の3つと比べると少ない。だが、歴史的分野でエネルギー環境教育を取り上げるとしたら、4つの視点の中では、「エネルギーの安定供給の確保」がもっともやりやすい。なぜなら、エネルギー資源の確保は、歴史上の大きなテーマであるからだ。エネルギー資源をめぐっての争いは、幾多となく繰り返されてきた歴史がある。したがって、一つの大きな戦争を取り上げることも可能だが、本実践は、あえて、「エネルギー自給率」にこだわってみることとした。

　そうなると、扱う単元は、「現代の日本と世界」の第1次「戦後の日本の発展と国際社会」ということになる。

　その際、以下に記された歴史的分野

現代の日本と世界　（全13時間）	
第1次	戦後の日本の発展と国際社会（8時間）
第2次	新たな時代の日本と世界（5時間）

としての本単元の目標を達成させ、そのうえで、エネルギー環境教育の目標に迫る授業とすることが大切である。

○戦後の日本の歩みを、民主化政策や憲法制定を中心に理解し、世界の中の日本の立場を考える。

○東西対立などゆれ動く国際情勢について理解し、両陣営の立場について比較しながら考える。

○高度経済成長期の日本国内の変化や、国際的な立場の変化について理解する。

　なお、本実践は、前の指導要領に基づいて作成された教科書や資料を使っているため、現行のデータと乖離しているものもあるが、新しいデータに基づいて実施すれば、十分、現行指導要領に適応した授業実践となる。

2. 実践の構造

(1) エネルギー環境教育実践の工夫

　戦後の独立と民主化の歴史を学んだ後、日本の経済が発展した経緯を学ぶ中で、エネルギー消費との関係に目を向け、経済発展と「エネルギー自給率」との関係を考える授業を、通常の授業に1時間プラスして行った。

　したがって、単元構成としては、「日本の高度経済成長」の学習後、本実践である「日本の発展とエネルギー」を取り扱うこととした。

学習活動・内容（全9時間）	
1	占領下の日本（1時間）
2	民主化と日本国憲法（1時間）
3	冷戦の開始と植民地の解放（1時間）
4	独立の回復と55年体制（1時間）
5	緊張緩和と日本外交（1時間）
6	日本の領土をめぐる問題とその歴史（1時間）
7	日本の高度経済成長（1時間）
8	日本の発展とエネルギー（1時間）
9	マスメディアと現代の文化（1時間）

　その際、教科書や資料集には、「エネルギー自給率」のデータがあまり掲載されていないので、資源エネルギー庁発行の中学生向け副教材「わたしたちのくらしとエネルギー（平成27年6月発行）」（以下、「副教材」とする。）の生徒用と教師用のデータを利用した。

　なお、前述したように2019年統計では日本の「エネルギー自給率」は12％だが、本実践のデータは6％（2012）となっていることに注意いただきたい。

(2) エネルギー環境教育のねらい

○日本の経済発展とエネルギー需給状況の関係性に気付く。

○日本のエネルギー自給率が低いことから、安定供給の重要性を理解する。

○石油危機を契機に、日本の省エネ技術が向上したことを認識する。

(3) 本時の目標

○グラフから、高度経済成長と発電電力量との関係性に気付くことができる。

○一次エネルギーの国内供給変化のグラフから、歴史的事実を読み取ることができる。

○日本のエネルギー自給率が低くなった原因を考える。

(4) 本時の展開

学習活動	指導上の留意点
○高度経済成長や三種の神器について復習する。	○日本の経済発展とエネルギーの需給状況との関係性をとらえていくことを押さえる。

○一次エネルギーの国内供給の変化から気付くことを発表する。 ・再生可能エネルギーが増えている ・原子力がゼロになっている ・石油の割合が小さくなっている	○変化のきっかけとなる歴史的事実（石油危機や原発事故など）があったことに気付けるようにする。
○日本のエネルギー自給率の推移から気付くことを発表する。	○日本のエネルギー自給率が、きわめて低い（2012年：6％）ことに注目できるようにする。
○日本のエネルギー自給率が低くなった理由を発表する。 ・国産エネルギー資源が少ない ・エネルギー消費量が多すぎる	○58％から6％までに低くなった理由を日本の歴史に着目できるようにする。
○日本のエネルギー自給率を上げるには、どうすれば良いか発表する。 ・原子力発電をもっと使う ・節電を徹底し、エネルギー消費をおさえる ・新しいエネルギーを開発する ・再生可能エネルギーの技術向上	○自給率を上げる努力と同時に、安定供給の必要性にも気付くようにする。

3. 実践の流れ

(1) 一次エネルギーの国内供給の変化のグラフを読み取る

　高度経済成長や三種の神器について復習した後、日本の経済発展とエネルギーとの関係性に着目することとした。そこで、副教材にある「一次エネルギーの国内供給の変化」のグラフを見て、気付いたことを発表した。

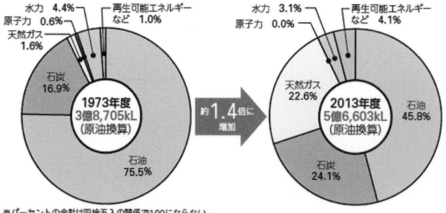

●一次エネルギー国内供給の変化

※パーセントの合計は四捨五入の関係で100にならない。
※「総合エネルギー統計」では、1990年度以降、数値について算出方法が変更されている。
※「新エネルギー・地熱」とは、太陽光、風力、バイオマス、地熱等のこと。
※2013年度は速報値。

（出所）資源エネルギー庁「総合エネルギー統計」を基に作成

・再生可能エネルギーが増えている

・原子力がゼロになっている

・石油の割合が小さくなっている

　続いて。その原因について、前時の学習や既習知識から次のような意見が出た。

・石油危機

・東日本大震災

(2) 日本のエネルギー自給率に注目

　副教材の「日本と世界の主な国のエネルギー自給率」データから気付くことを発表した。日本のあまりの低さに、多くの生徒が驚いていた。

　次に、なぜ、日本のエネルギー自給率が低いのか、その理由として、次のような意見が出た。

・国産エネルギー資源が少ない

・エネルギー消費量が多すぎる

　さらに、副教材教師用の「日本のエネルギー自給率の推移」データを見て、1960年に58％だったのが、なぜ、2012年には6％になったのか、次のような理由が示された。

・昔は石炭が豊富に供給できた

・昔はエネルギー消費量が少ない

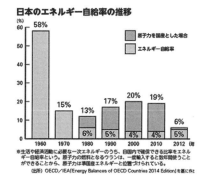

(3) 将来の日本のエネルギー自給率

　本時で取り上げたグラフを参考にしながら、日本が、エネルギーを確保するためにどうすればよいかを各自が考え、主に次のような意見が出た。

・再生可能エネルギーの技術向上

・原子力発電をもっと使う

・新しいエネルギーを開発する

・節電を徹底し、エネルギー消費をおさえる

　日本の「エネルギー自給率」の低さを知ったことで、ふだん何気なく使っているエネルギーの大切さに気付き、「このままではいけない、何とかしなくては。」と思った生徒が多く、自分たちのできる省エネをするという意見が多く出た。「ほんとに省エネだけで、日

本は大丈夫だろうか。」と投げかけ、実践を終えた。

4. 実践の評価

（1）成果

　副教材に掲載されているグラフを読み取ることで、歴史的事実との関係性に気付くことができた。ここは、歴史の授業として重要なポイントである。そのことから、今回はプラス1時間の授業構成であったが、通常の授業の中でも、高度経済成長や石油危機を学んだ後に、一次エネルギーの国内供給変化のグラフを利用することは有効と言える。

　また、本実践は、日本のエネルギー消費や供給状況が、日本の経済発展と大きな関わりがあると気付くことにもつながる。

　そのうえで、日本のエネルギー自給率が低くなった原因を考えることは、エネルギーの安定供給が、今後の日本の大きな課題だと分かるきっかけとなるので、たいへん重要である。

　さらに、本実践に限らず、本単元は、エネルギーを視点とした学習がしやすく、公民分野の最終単元にもつなぎやすい。エネルギー環境学習を進めるうえで重要な単元と言える。

（2）課題

　エネルギー環境教育としての課題としては、日本のエネルギー自給率が低い理由を、S＋3Eの視点で考えられるようにできなかったことである。特に、経済効率性についての踏み込んだ発言はなかった。また、地理的分野で学んだ資源の輸入先などと関連させることができなかった。そのため、エネルギー消費が多いことに目が行き、対策として「省エネ」をあげる生徒がほとんどとなってしまった。

　もう一つは、副教材にある右のグラフを利用しなかったことである。このグラフを示していれば、エネルギー消費と経済発展の関係性について、根拠をもって説明できたのではと考えられる。

　次に、歴史的分野としての課題は、歴史的事実に基づいた発言が少なかったことである。その中で、実践4クラスで、次のような感想があった。

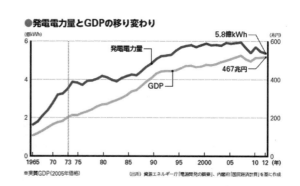

○今、現在のエネルギー自給率は本当に危ないなあと思いました。石油などを輸入に頼っていては、日本に未来はないと思っていいぐらいだと僕は考えます。なぜ、オイルショックで受けた打撃を知りながら、もっと積極的にエネルギーについて考えてこなかったのか、はなはだ疑問です。
○最初に日本のエネルギー自給率を聞いたときは驚きました。よく考えれば、58％だった時代に比べて電気製品の保有数の増加や自動車の普及により、エネルギー消費量は増加しています。

　この2人は、歴史的事実に基づきながら、エネルギー自給率に触れており、まさに、歴史的分野におけるエネルギー環境教育で、本来の目標である「高度経済成長期の日本国内の変化や、国際的な立場の変化について理解させる。」を達成している。歴史の授業である以上、この点を意識しながら授業者は実践を進めていかなければならない。

　以上のように、課題はあるものの、本実践は、エネルギーに視点をあてた歴史的分野の授業として、十分に活用できるので、新しいデータをもとにした実践を期待したい。その際、歴史的分野としてだけの授業であっても良いが、できれば、地理的分野や公民的分野と連携した単元計画を作成し、意図的・計画的にエネルギー環境教育を進めてもらいたい。

光合成の学習から地球温暖化を考える
～カリキュラムを工夫した実践～

山本照久（加古川市立加古川中学校）／実践者：佐野綾香（加古川市立平岡中学校）

1. 実践の意図と目標

　本実践は、エネルギー環境教育の4つの視点の「地球温暖化問題とエネルギー問題」を取り扱っており、次の2つのねらいがある。

　第1のねらいは、エネルギー環境教育を視点としたカリキュラムの工夫である。本来3年「エネルギー」の領域で学習するはずの「地球温暖化」を、1年「生命」の領域で小学校の既習知識と連関させて実施することで、科学的根拠に基づいたより効果的な学習とならないかを検証するものである。あわせて、小学校の記憶が鮮明なうちに学習することで、「地球温暖化」が大きな社会的課題であることを、より早く気付かせるねらいもある。

　なお、この実践は、現行指導要領移行前の実践で、現在、光合成は、第2学年で取り扱うこととなっている。

　第2のねらいは、あらゆる単元で、エネルギー環境教育が実践できないかという試みである。通常、特に理科の場合、エネルギー環境教育は、「エネルギー」領域の単元で扱われることが多い。そこで、「エネルギー」以外の領域で、通常の授業にプラス1時間で、エネルギー環境教育を実践できないかと考え、資源エ

表1　年間指導計画における工夫

	第1学年	第2学年	第3学年
4月	自然の中に生命の営みを見つけてみよう（5）	化学変化と原子・分子（29）	生命の連続性（14）
5月	植物のくらしとなかま（21）	動物の生活と生物の進化（39）	化学変化とイオン（25）
6月	**光 合 成**		
7月	身のまわりの物質（26）		運動とエネルギー（33）
9月			
10月	光・音・力による現象（26）	地球の大気と天気の変化（23）	宇宙の中の地球（20）
11月			
12月	活きている地球（19）	電気の性質とその利用（32）	自然と人間（24）
1月			
2月			地球温暖化
3月			

ネルギー庁発行の中学生向け副教材「わたしたちのくらしとエネルギー」（以下、副教材）を活用した授業を、「生命」の領域で実践することとした。

2. 実践の構造

(1) エネルギー環境教育実践の工夫

　本実践では、1年理科「生命」領域の「植物の生活とからだのしくみ」（19時間）に、

「身近な環境と植物」という内容をプラス1時間し、「光合成の学習から地球温暖化を考える」授業を計画した。

	学習活動・内容（全20時間）
1	なかまをふやすしくみ（4時間）
2	栄養分をつくるしくみ（7時間）
3	水や栄養分を運ぶしくみ（4時間）
4	植物のなかまわけ（4時間）
5	身近な環境と植物（1時間）

（2）エネルギー環境教育のねらい

○地球温暖化のしくみを知り、二酸化炭素などの温室効果ガスの増加が原因であることを理解する。

○地球温暖化の地球環境への影響を考察する。

○地球温暖化対策を考え、その対策の一つに光合成を行う植物を増やすことの必要性に気付く。

（3）本時の目標

○光合成のはたらきが、これまでの生活環境を維持してきたことを知る。

○地球温暖化のしくみを知り、二酸化炭素などの温室効果ガスの増加が原因であることを理解する。

○地球温暖化の影響を抑えるための対策を考え、その一つに植物を増やすことの必要性を認識する。

（4）本時の展開

学習活動	指導上の留意点
○「光合成」と「呼吸」で取り込まれる気体について確認する。	○適切に答えられるか注意する。
○植物が1日で排出する気体の総量を比較する。	○昼間は呼吸よりも光合成の方が活発に活動することを、夜間は光合成を行わないことを思い出すようにする。また、呼吸は一定であることを確認する。
○地球温暖化のしくみを知り、その原因の一つが二酸化炭素であることを確認する。	○中学生向け副教材「わたしたちのくらしとエネルギー」p.24を活用し、地球温暖化のしくみを説明する。
○二酸化炭素の性質を確認し、その排出量が増えていることを確かめる。 ・水に少し溶ける ・引火性がない ・光合成に使われる ・熱を逃がさない	○中学生向け副教材「わたしたちのくらしとエネルギー」p.10のグラフから、排出量の増加を確認する。 ○近年の事象を例に挙げることで、暑さ以外の意見が出るようにする。
○地球温暖化による影響について考え、班で意見を出し合い発表する。 ・気温が上昇する ・南極の氷が溶ける ・海水面が上昇する ・動植物に影響が出る	○間違った認識に対して、正しい説明をする ○ホワイトボードに、班ごとの意見をまとめて書くように促す。

○地球温暖化を止めるために、班で何ができるかを話し合う。 ・必要な対策（政策） ・自分（たち）ができること ○班のベストプランを全体に発表する。	○各班の発表を整理し、まとめる。

3. 実践の流れ

「光合成の学習から地球温暖化を考える」授業として、「身近な環境と植物」と題した学習展開を計画し、実践を行った。

まず、これまでの単元の学習から、「光合成」と「呼吸」について復習し、植物が1日で排出する気体の総量を、グラフを用いて考え比較した。

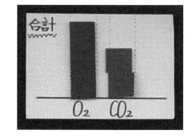

昼間は「呼吸」よりも「光合成」の方が活発なので、「呼吸」により排出される二酸化炭素よりも、「光合成」により排出される酸素の方が多く、夜間はその反対になることを確認し、1日の排出総量は酸素の方が多いことに気付くようにした。

そのうえで、本時のねらいが、「地球温暖化の主な原因と対策を考える」ことであると伝えた。生徒は、地球温暖化の大きな原因の一つが、二酸化炭素量の増加であることを小学校で習っているので、まず、原因となる二酸化炭素の性質について復習をかねて発表した。「水に少し溶けやすい」「引火性がない」「熱を逃がさない」などを確認できた。

その中で、「熱を逃がさない」気体のことを何というかを尋ねると、「温室効果ガス」という答えがかえってきた。そこで、副教材の右図を使って、地球温暖化が起こるしくみを説明した。

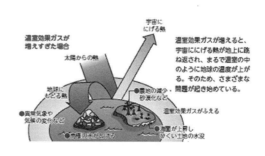

さらに、二酸化炭素量の増加に伴い、地球の平均気温が年々上昇しているグラフを見せ、二酸化炭素の排出量の増加が地球温暖化に影響していることを確かめた。次に、二酸化炭素を排出しているものと、吸入しているものを考えさせた。排出しているものは「工場」「自動車」「家電製品」「燃焼」「呼吸」など、吸入しているものは、「光合成」「水」などの発表があった。

次に、副教材の右グラフと副教材教師用解説編の「二酸化炭素排出量のうちわけ」グラフを見ながら、様々な要因で二酸化炭素の排出量が増えていることに気付いた。

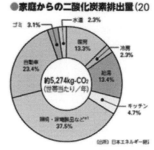

続いて、地球温暖化が私たちの生活にどんな影響を及ぼすのかを、班ごとに話し合った。「気温が上昇する」「南極の氷

が溶ける」「海水面が上昇する」「動植物に影響が出る」などの意見が出た後、沈みゆく島国として話題になったツバルの写真を見て、現実の問題として捉えることができた。

　この場面では、事前アンケートで予想していたとおり、「地球温暖化によりオゾン層が破壊される」「北極の氷が溶けて海水の量が増え、海面が上昇する」「地球温暖化により酸性雨が降る」「地球温暖化により大気汚染が進む」といった間違った回答があった。これは見過ごすわけにはいかず、水を入れたコップに氷を入れて、体積が変わらないことを説明するなど、正しい認識をもたせるように努めた。

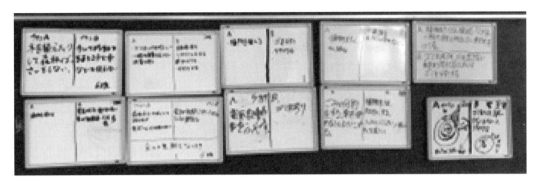

　最後に、地球温暖化を止めるために、必要な対策と自分ができることを考えさせ、班で意見交換して班のベストプランを発表した。対策としては、「植物（森林）を増やす」「森林伐採を減らし、緑を守る」「電気自動車を増やす」「二酸化炭素を排出しない乗り物を増やす」「むだな燃料を使わない」などの意見が出た。

　また、自分ができることとしては、「車を使わない」「節電」「植物を大切にする」「ゴミを減らす」「ゴミを分別する」「レジ袋を使わない」「エコバックやマイはしを使う」などの意見が出た。

4. 実践の評価

(1) 成果

　本実践のねらいの1つであるエネルギー環境教育を視点としたカリキュラムの工夫として、1年「生命」の領域で、小学校の既習知識と連関させて、3年で学ぶ予定の「地球温暖化」を取り扱ったことで、次のような成果がみられた。

> A：地球温暖化は、たくさんの二酸化炭素と温室効果ガスの影響で起こっていることがわかりました。それを防ぐために、ゴミを出す量を減らしたり、植物をたくさん植えたり、ガソリンを使わない乗り物をつくったりしたら良いと思いました。地球温暖化は、人以外の生物にも影響するので、早く防がないといけないと思いました。
>
> B：地球温暖化は、どんどん大きくなっているけれど、少しでも地球温暖化を止められるように、自分たちだけでもできることはたくさんあるから、がんばろうと思いました。二酸化炭素が増えているのは分かっていることだから、早く対策を考えるべきだと思います。

> C：私たちの身近に地球温暖化を進めるようなことがたくさんありました。実際、私も電気をつけっぱなしのまま寝ていることやトイレの電気をずっとつけていることがあります。私が行っていることが、地球温暖化を進めているので、未来のためにも、一つひとつ気をつけたいです。
>
> D：小学校でやった時は、さらあっとやったので、詳しくは知らなかったけど、今日、世界のヤバさが分かりました。京都などでは、油回収などやっているので、私たちもできることはしていきたいです。

　まず、生徒Dの感想にもあったように、小学校高学年の学習では、地球温暖化についてある程度の内容を知って、関心をもつことはできても、発達段階や学習内容からどうしても深まりにくい学習となっていた。そのため、「緑（森林）を増やす」ことが、二酸化炭素を減らすことになるとは知っていても、どうしてそうなるのかは理解していなかった。今回のように、光合成の学習直後に地球温暖化について学習することで、「緑（森林）を増やす」ことの科学的根拠がはっきりし、理解が深まった。この点は大きな成果である。

　また、中学校になってまもない6月の学習なので、小学校の既習知識の記憶もはっきりしており、多くの生徒が関心をもって取り組むことができた。しかも、小学校では社会現象の一つとして学習しているため社会科の要素が強かったが、理科で取り上げることで地球温暖化の原因や影響に科学的な要素が多いことに気付き、さらに関心を高めることができた。

　もう1つのねらいである「エネルギー」領域の内容を「生命」で取り上げた点は、教科書にはない図やグラフを、副教材を活用することで補えたため、資料不足などの問題もなく学習できることがわかった。

(2) 課題

　課題は、「エネルギー」領域の内容を他領域で扱ったにもかかわらず、エネルギー概念に触れることができなかったことである。つまり、「光合成の学習を通して、光がエネルギーであることをイメージさせる」ことができなかった。

　また、事前アンケートで予想された間違った認識を正しく理解させようと、補足説明に時間がかかり過ぎ、考える時間が不足し、クラス全体の意見交流がうまくできなかった。

　以上のように課題も多いが、小学校では「地球温暖化」に十分時間をかけて学習しているので、知識の確かな習得のためにも1年生のこの時期に「地球温暖化」を学習させる必要がある。

　しかしながら、残念なことに現行指導要領では、「光合成」の学習が2年で扱うことになっている。1年の社会科や総合的な学習の時間等で、「地球温暖化」の学習機会がないのであれば、2年の理科で、ぜひ、本実践を取り入れてもらいたい。

放射線測定から
高レベル放射性廃棄物処理を考える

山本照久（加古川市立加古川中学校）／実践者：佐野綾香（加古川市立平岡中学校）

1. 実践の意図と目標

エネルギー環境教育は、多くの社会的な課題やその解決に向けた取組を知り、将来、市民として判断する力を育てるのに最適な教育である。

多くの課題がある中で、高レベル放射性廃棄物をどう処理するかは、日本社会にとって喫緊の課題であり、避けては通れない

運動とエネルギー（全31時間）	
1	力のつり合いと合成・分解 （7時間）
2	力の物体の運動 （7時間）
3	仕事とエネルギー （9時間）
4	いろいろなエネルギーとその移り変わり （3時間）
5	エネルギー資源とその利用 （5時間）

課題である。しかしながら、この課題に対する、様々な誤解もあり、政策としてもなかなか進んでいないのが現実である。

そこで、学校教育の中で、高レベル放射性廃棄物処理について考える機会として、本実践を実施した。実践にあたって、発電方法や放射線について学んだ後に行うべきだと考え、3年理科「エネルギー」領域の「運動とエネルギー」（30時間）の第5次「エネルギー資源とその利用」にプラス1時間し、「高レベル放射性廃棄物処理について考えよう」という授業を計画した。

なお、本実践は、現行の学習指導要領になるまでの実践であるため、放射線の学習が3年でのみ取り扱うこととなっている。現行は2年で取り扱えるが、前述したように、発電方法についても学習した後が良いので、現行の学習指導要領においても、3年で取り扱うのが適当と考える。

また、本実践は、エネルギー環境教育の4つの視点の「多様なエネルギー源とその特徴」に位置づけられる。

2. 実践の構造

(1) エネルギー環境教育実践の工夫

「運動とエネルギー」（30時間）の第5次「エネルギー資源とその利用」については、一般的には、右表のように扱われる。

本実践では、教科書をベースとしながらも、「高レベル放射性廃棄物処理について考えよう」を取り入れるため、下表のような5時間計画を立て、実践を行った。

紙面の都合で、第1～4時については、工夫した場面のみを以下に紹介する。

エネルギー資源とその利用（全4時間）	
1	生活を支えるエネルギー（1時間）
2	エネルギー利用上の課題（2時間） ・限りある資源 ・放射線の性質と利用方法
3	エネルギーの有効利用　（1時間）

第1時では、発電用実験キットを使い、太陽光・風力・水力・火力発電のしくみを体験した。その後、資源エネルギー庁発行の中学生向け副教材「わたしたちのくらしとエネルギー」（以下、副教材）のp.38～41を参考にしながら、原子力と地熱発電を加え、6つの発電法のメリット・デメリットをまとめた。

第2・4時は、教科書を中心に授業を進めたが、ここでも、副教材のp.15、18、19やp.42～44を参考にした。

最大の工夫は第3時で、校内の放射線量を右写真のように生徒が測定した点である。自然界にある放射線について、測定をとおして「見える化」することで、放射線に対するイメージが大きく変わることが分かった。

このような工夫を前時までに計画したうえで、本実践に取り組んだ。

エネルギー資源とその利用（全5時間）		
	学習活動	指導上の留意点
1	様々な発電方法	・6種類の発電のしくみ ・それぞれの発電のメリット・デメリット
2	限りあるエネルギー資源	・日本で1年間に使用されるエネルギー資源 ・再生可能エネルギーと枯渇性エネルギー
3	放射線の特徴と放射線測定	・放射線の危険性と有効性 ・校内の放射線測定
4	放射線の性質	・放射線の種類 ・放射線の性質
5	高レベル放射性廃棄物処理について考えよう（本時）	

(2) エネルギー環境教育のねらい

○人類の発展に、エネルギーが果たしてきた役割について知る。

○すべてのエネルギー資源に長短があることを理解する。

○様々な発電方法のメリット・デメリットを知り、将来必要なエネルギーについて考察する。

(3) 本時の目標

　○放射線量が水や金属などの遮蔽物によって減少することを理解する。

　○高レベル放射性廃棄物の性質について知る。

　○被ばく線量を低減する３つのキーワード「距離」「時間」「遮蔽」と放射線の性質「半
　　減期」を基に、高レベル放射性廃棄物の適切な処理方法について考える。

(4) 本時の展開

	学習活動	指導上の留意点
導入	1．前時の復習をする。 ・放射線の種類（α線・β線・γ線・Ｘ線・中性子線） ・性質（透過力・電離作用・半減期）を確認する。	・放射線の既習事項を確認させることで、本時では引き続き「放射線」に焦点を当てて学習をすすめることをおさえる。
展開	2．校内で測定した放射線量を表にまとめる。	・結果の信頼性を高めるために、2班分の結果を扱う。
	3．場所によって測定結果に差が出た理由を発表する。	・測定値の多い順に番号をうち整理し、比較により相違点に気付くようにする。 ②校庭と③教室　②校庭と④鯉の池 壁・天井・黒板等　水がある。 に囲まれている。　鯉がいる。 ・放射線の性質である「透過力」についても触れる。
	4．被ばく線量を低減するための３つのキーワードをまとめる。	・放射線を多く浴びないようにするための方法として「距離」「時間」「遮蔽」と、放射線量が減少する性質「半減期」があることを伝える。
	5．高レベル放射性廃棄物の説明を聞く。	・原子力発電のしくみを再確認する。 ・高レベル放射性廃棄物は、原子力発電を行えば必ず出ることをおさえる。 ・高レベル放射性廃棄物の性質（200℃、大きさや質量、人体に与える被害）をおさえる。
	6．各班で高レベル放射性廃棄物の適切な処理方法について話し合う。	・生徒が「総理大臣」となり、多量の放射線から国民を守るという設定とする。 ・様々な処理方法の利点・欠点に注目して話し合うようにする。 ・班の中でいくつか出る処理方法の中で、1番良いと思う方法を選ぶようにする。
終末	7．本時を振り返る。	・冊子を配布し、世界各国で検討されている様々な処理方法を伝える。

3. 実践の流れ

(1) 放射線測定結果の考察

　まず、放射線の種類と性質を復習し、校内で測定した放射線量を右写真のようにまとめた。線量の高い順に番号をつけ、どうして「玄関の石」が、一番線量が高いのかを考えた。

　「きれいな石だから放射線を吸収しやすい」という意見があったので、花崗岩のような岩石には、放射性物質が多く含まれていることを伝えた。

　次に、「教室」と「校庭」の違いから「教室」が壁や窓に囲まれ遮られていることに気付いた。さらに、「校庭」と「鯉の池」の違いから、水に遮られていることに気付いた。

　そのうえで、放射線防護の3原則、「距離」「時間」「遮蔽」について説明し、「半減期」や「透過力」といった放射線の性質についても伝えた。

(2) 高レベル放射性廃棄物とは

　その後、原子力発電環境整備機構の中学生向け教材「高レベル放射性廃棄物の処分問題」を考える基本教材（以下、「NUMO教材」とする。）の右図を使って、高レベル放射性廃棄物について学んだ。その中で、ガラス固化体は、日本には既に2万3千本が保管されており、製造直後は、表面温度

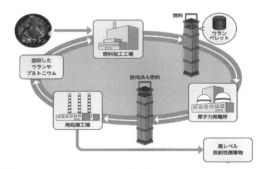

が200℃を超え、20秒で致死量に至る放射線が出ているが、安全に管理されていると知った。

(3) 高レベル放射性廃棄物処分方法の検討

　続いて、「これからこの高レベル放射性廃棄物の処分方法を、総理大臣となって考えてもらいます。国民に害が及ばないようにするにはどのように処分したらよいか、その方法を考えます。距離、時間、遮蔽、半減期をポイントに考えてください。班でベス

トの方法を決めてシートに書いてください。その方法の良い点と悪い点も書いてくださ
い。」の課題が示され、班で話し合った。

　8つの班で話し合った結果「宇宙処分」が5班、あと「海洋処分」「海洋底処分」という
結果となった。

　各班の発表後、NUMO教材を配布し、処分方法は「地層処分」に決まっていると伝え
ると、「どうして地層処分なんだ。」という意見もあったが、NUMO教材の中に、班で考
えた処分方法が検討されていたことには満足していた。

　最後に、今、地層処分の処分場をどこにするか国をあげて検討中であることを伝え、授
業を終えた。

4.実践の評価

（1）成果

　本実践では、放射線測定が放射線の性質理解に役立ち、そこから、高レベル放射性破棄
物処理を考える授業ができることがわかった。しかも、教科書の指導計画に沿いながら、

1時間の発展教材として、高レベル放
射性廃棄物について学習することが
できた。

　また、授業後のアンケートでは、
右のように「高レベル放射性破棄物
は早く処理すべきだ」との問いに、
ほぼ全員が肯定的回答をしている。

　さらに、次のような感想もあった。

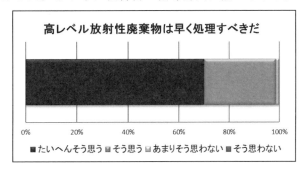

・放射線は、日常的に私たちが触れているもので、　正しく使うことができれば、とても
　便利なものです。しかし、原子力発電などで発生した高レベル放射性廃棄物などは、と
　ても危険なものなので、早く安全な廃棄方法をみつけてほしい

・放射性廃棄物の処分方法を早く開発すべきだ

　これまで、高レベル放射性廃棄物の存在すら知らなかった生徒が、計算された単元計画
により本実践を行うことで、処分の
必要性・緊急性に気付くことができ
たのは、大きな成果である。

（2）課題

　課題は、「放射線はこわい」とのイ
メージを強めてしまったことである。

　授業後のアンケートでは、右のよ

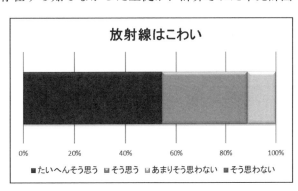

うに「放射線はこわい」との問いに、9割が肯定的回答をしている。主な意見は、次の通りである。

・危険

・とてもこわい

・多量の放射線を浴びると死んでしまうので、原子力発電は危険だと思った

・今、自分がいる場所でも放射線が出ていると思うとこわい

・いっぱい浴びたらこわい

放射線をたくさん浴びた場合のイメージが強く残りすぎたようだ。こわいと思わないと答えた生徒は、次のような意見を持っている。

・イメージはこわいでしたが、常に浴びていると知って、身近に感じた

・少量なら人体に危険がないと知って驚いた

・ちょっとでも浴びたら死ぬと思っていたが、普通に存在してびっくりした

・体に悪い影響を与えることもあるけど、使い方によっては放射線を活用できる

・放射線は、食べ物からも出ていると知ってびっくりした

・恐ろしいというイメージがあったが、医療などにも使われているので必要

・放射線測定で、私たちの身の周りに放射線があることを実感できた

以上のことから、本実践で、一部の生徒には、きちんと意図が伝わっていることがわかる。こうした生徒が増えるよう、本実践の中で工夫をしていきたい。

また、本実践では、地層処分のメリットやその他の処分のデメリットまでは伝えられなかった。そこまでするには、1時間では難しい。

こうした課題をふまえ、さらなる改善を加え、放射線測定から高レベル放射性廃棄物処理を考える実践を継続していきたい。

日本の食とエネルギー
～生活を支える技術と社会・環境のかかわり～

河野卓也（大津市立石山中学校）

1. 実践の意図と目標

　中学校3年間での技術分野の学習の最後に，生涯にわたって科学技術について常に関心をもっていくことが重要であることを確認させ，将来の社会での生活に向けての余韻をのこす学習をさせたいと考え，卒業直前の授業題材を開発し実践してきた。

　技術・家庭科技術分野の学習は，中学校での87.5時間がすべてである。充実した内容の学習を積みあげる努力をしても，卒業後に生徒が学習した内容をいかす場面は少なく，生涯にわたって科学技術と正しくかかわるための基礎を身につけられているとはいえないことが多いと感じる。

　今日の社会には，技術的な課題が山積している。技術を進展させるために解決すべき課題とともに，技術が社会で有効に使われるためにも解決すべき課題が多い。これまで，技術分野の授業において，これらの社会での科学技術のあり方についての問題を取り上げ，生徒同士の議論などを通して学ぶ授業を実践してきた。

　人類は技術によって生活を豊かにし，安全で快適な生活を営むようになった。技術の進歩に対して，「理解できない」という理由などで，自然環境や人格の形成に悪い影響しか与えないものであると考えるような単純な思考しかできない大人が多い社会において，正しく技術の意義を評価する態度と能力をもつ生徒を育成することは，技術立国である日本にとっての生命線ともなる問題であると考える。学習指導要領では，技術・家庭科技術分野の目標として，技術と社会・環境のかかわりについて理解させること，技術を正しく評価する力を持たせることが求められている。科学を社会の中でいかすためには技術というフィルターが必要であり，技術について学ぶことは，社会の中での人間と科学・環境のかかわりを見つめていくことに他ならない。技術分野の学習は，ものづくりのプロセスを通じて，創造的な力を育てるとともに，技術と社会・環境とのかかわりについて知り，正しく技術を評価する態度を養うために必要であり，技術立国にとっては，将来の意思決定のための礎となるものであると考える。将来にわたって知識を更新し，技術に対する自分の考えをもとうとする態度や，技術に関する基礎的な知識を身につけることなど，技術的なリテラシーを身につけた生徒を育成する必要を強く感じている。

　この題材の実践を通して，社会で利用されている技術は，現時点での最適解であり，今

後の社会の状況によっては今とは違うものが選択されることもあることや，同じ技術に対する評価も，評価する人の立場によって相反するものになることがあることなどについて理解させたいと考え，内容を検討し授業を行った。

　本単元では、資源や広い国土を有しない日本で、将来にわたって安定した生活を営むために必要となる、「食」と「エネルギー」を一体的に取り上げ、さまざまな技術が生活を支えていることを実感させるとともに、生徒が将来にわたって技術を適切に評価していく態度をもつための礎とすることを意識して目標を設定した。エネルギー環境教育の視点として、エネルギーの安定供給の重要性や省エネルギーを実現する技術について理解することに強いかかわりをもった学習である。

知識・技能	食料やエネルギーの確保について、日本が置かれている状況を正しく知る。 技術が生活を支えるために果たしている役割について正しく理解する。
思考力・判断力・表現力等	自分の周りだけを見て考えるのではなく世界規模で問題を認識するとともに、将来にわたって食やエネルギーの確保と社会・環境のかかわりについて考えるための礎をつくる。
学びに向かう力	卒業直前に学びを振り返るだけでなく、将来の自分が保つべき態度について考える。

2.実践の構造

　目標の達成に向けて、次のような単元構成とした。

時	学習テーマ	主な内容	目標とのかかわり
1	食糧自給率と植物工場これからの食糧生産技術	食料自給率が低く、食料を自立して確保できていない状況について知る。 食料の安定的に確保するためのさまざまな技術について知り、それらの技術とどう向き合っていくべきかを考える。	知識・技能 思考力・判断力・表現力等 学びに向かう力
2	エネルギー自給率とベストミックス将来の自分と技術	エネルギー食料自給率が低く、エネルギーを自立して確保できていない状況について知る。 エネルギーを安定的に確保するためのさまざまな技術について知り、将来にわたって、それらの技術とどう向き合っていくべきかを考える。	知識・技能 思考力・判断力・表現力等 学びに向かう力

　指導案は以下の通りである。（2時間連続での授業を想定）

1時間目

	学習活動	指導上の留意点
導入（10分）	1. 食料自給率とエネルギー自給率について確認する 自給率が意味するもの 世界の中での日本の自給率 カロリーベースの自給率 食料輸入が途絶えると、生活はどうなるか	これまで3年間の学習で培ってきた知識を再度確認させる。 自給率などの数値は変動するとともに、主体ごとに都合のよいものが扱われることもあることを確認させた上で、自分の生活がその上に成り立っていることを確認させる。

展開① (20分)	2．食料生産のための技術について意見を交流する ①ハウス栽培や電照栽培 　新たなエネルギーを使うことで得られる付加価値 ②品種改良や遺伝子組み換え 　人間の都合にあう作物をつくり出す技術	日常的に食糧生産技術によって生産されたものを口にしていることを確認させるとともに、新しい技術への不安を感じる人が多いことを理解した上で、新しい技術によって支えられている人や将来支えられるであろう人がいることについて考えさせる。
展開② (20分)	3．植物工場の仕組みを知り、役割について考える ①植物工場の仕組み 　エネルギーを使い、高度に管理された技術 　生育に必要なさまざまな条件の置き換え 　太陽光→LED 　温度・湿度の制御 　土壌→培養液 ②植物工場の長所・短所 ③畑と植物工場の野菜、どちらをとるか ④将来、植物工場が支えていくのは誰か	技術的な観点から、植物工場が非常に高度な技術によって実現されていることについて理解させる。 生物育成分野で学習した内容を確認させ、作物の生育に必要な条件がさまざまな技術に置き換えられていることを理解させる。 自分が植物工場で生産された野菜などを、積極的に食べたいかどうかを考え、新しい技術についてさまざまな不安を感じる人がいることを理解させる。

2時間目

	学習活動	指導上の留意点
導入 (10分)	1．エネルギー自給率について確認する ①エネルギー自給率が意味するもの ②エネルギー輸入が途絶えると、生活はどうなるか	これまで3年間の学習で培ってきた知識を再度確認させる。 食料に比べて、エネルギーはさらに厳しい状況にあることを再確認させる。
展開① (15分)	2．エネルギー安定供給のために必要な技術を理解する ①新たなエネルギー開発の難しさ ②人の生活に合わせる必要性	エネルギーの安定供給のために、さまざまな技術が使われ、資源のない国にもかかわらず安定したエネルギーの供給が行われていることを確認させる。 エネルギーの供給は、人間の生活に合わせたタイミングで適量が供給される必要があることを理解させる。
展開② (15分)	3．ベストミックスの必要性を理解する ①電気エネルギーの特性 ②人間社会が必要とする電力 ③安定した供給のための手段	電気エネルギーの同時同量の原則について確認し、現在の電力供給技術は私たち自身の要求に応じているものであることを理解させる。
まとめ (10分)	4．将来の技術との付き合い方を考える ①自分ができること ②将来の自分ができること	将来にわたって、生活を支えるさまざまな技術と、どのように付き合っていくかについて考えさせる。

3. 実践の流れ

1時間目

食料自給率とエネルギー自給率

　自給率について、これまで学習をすすめてきたことを再度確認した。日本は食料におい

ても、エネルギーにおいても自立しておらず、さまざまな国とのかかわりのなかで存在していることを確認するとともに、自給率などさまざまな数値は自分たちの都合のよいものを選ぶこともあり、クリティカルに見つめることも必要になることを再確認した。

食料生産のための技術

　ハウス栽培や電照栽培といった技術は、完全に普及した段階にあり、食べ物の旬が分からなくなるほど充実した食生活を送ることができるようになっているが、さまざまな付加価値をつけるために大量のエネルギーが使われている現状について確認した。その上で、エネルギーを使って付加価値を高めた食品と、そうでない食品と自分ならどちらを選ぶかについて考え、意見を交流した。さらに、品種改良や遺伝子組み換え技術の長所・短所を含めた概略を聞き、特に日本では遺伝子組み換え技術について忌避しようとする人が多いことを確認した。その上で、遺伝子組み換え食品について、賛否などの意見を交流した。

植物工場

　技術的な観点から、植物工場が非常に高度な技術によって実現されていることについて理解するために、使われているエネルギーや制御技術について詳しく説明を聞いた。生物育成分野で学習した内容を確認し、作物の生育に必要な条件がさまざまな技術に置き換えられて、完全に制御されることでそれぞれの作物にとって完全な環境がつくられており、自然災害・病害虫の危険も少ない上に、農薬などの使用もほとんど必要がないことを理解した。

　その上で、自分が植物工場で生産された野菜などを、積極的に食べたいかどうかについて、意見を聞くと、ほとんどのクラスで賛否が拮抗する結果となった。新しい技術についてさまざまな不安を感じる人がいるとともに、期待も大きいことに気づく生徒が多かった。

　最後に、日本の食料自給率をもう一度示し、自給率の低い国において、私たちがとるべき技術を評価する態度について考えた。植物工場の技術が本当にいきるのは現在の飽食の日本ではないかもしれないが、そのことが技術の評価とはならないことを理解した生徒が多かったことが授業の感想から読み取れた。

2時間目

エネルギー自給率

　食料自給率の低下は、産業構造の変化や、農産物の輸入など経済的な問題も影響が大きいが、エネルギー自給率が低い要因は食料とは根本的に異なり、エネルギー資源の偏在によるものであることは、これまでの授業で何度か学習させてきた。OECD諸国の中でも、ほぼ最下位であることや、エネルギーの安定供給が将来の生活にかかわる非常に重要な問題であることを再確認した。

ベストミックス

　電気エネルギーは保存することが難しく、必要な量を同時につくることが必要となるこ

とを再度確認した。

　一日の中で最も電力を必要とする時間帯や、一年の中で最も電力を必要とする日がいつであるかを考えたところ、自分の認識と異なっていると感じる生徒が多かった。電気エネルギーの特性から、電力をつくる側は、消費する側が生み出した需要に合わせる必要があり、現代社会を支える発電技術の必要性は、私たち自身が生み出したものであることを認識した。ベストミックスによる電力供給は、安定的な電源と瞬時に対応できる電源を組み合わせることで最適化されており、高度な技術によって支えられていることを理解した。

　その上で、将来の日本をどちらかに任せるとしたら、原子力と太陽光のどちらを取るかについて考えたところ、どちらか一方に任せることはできず、適切に組み合わせて使うことが重要であるという結論にたどり着く生徒がほとんどであった。

将来の技術との付き合い方

　3年間の技術分野の学習のまとめとして、自分が社会で活躍する年代になったときに、技術とどのように向き合っていくべきかについて考えた。

　「誰かが解決してくれる」や「自分には関係ない」「難しいからかかわらない」といった態度をもつ人が多くなると、社会は前に進まないことを3年間のまとめとした。

4. 実践の評価

　2時間のみの授業であったが，授業の前後における生徒の変容について知るため，1時間目の授業の最初と，2時間目の授業の最後に同じ設問のアンケートを行った。

　授業前後による変化をみると，男子よりも女子の方が，変化が大きい傾向が見られた。成績の上位者と下位者を抽出して比較したところ，上位者は技術に関する問題をみんなで考えようとする方向に変化したのに対し，下位者は逆の変化をみせた。自分で考えず，人の判断に委ねようとする傾向を示したものであると考える。

　生徒の授業に対する感想などからも，この授業が生徒の印象に深く残る内容であり，今後の技術とのかかわりを考える上で効果がある実践であったと考えている。

アンケート項目の一部　技術に対する考え

①	技術の進歩は生活を豊かにする。	4－1	技術の進歩は人間をだめにする。
②	技術は人間が生きる上で必要だ。	4－1	技術は人間が生きる上で必要ではない。
③	技術の進歩は自然環境を守る。	4－1	技術の進歩は自然環境を破壊する。
④	これからも技術について学んでいきたい。	4－1	技術について学びたいとは思わない。
⑤	技術の進歩は社会を良くする。	4－1	技術の進歩は社会を悪くする。
⑥	技術の問題はみんなで考えるべきだ。	4－1	技術の問題は専門の人が考えればよい。

技術に対する考え　授業前後の平均点の推移

性別		①	②	③	④	⑤	⑥
男子	開始時	3.32	3.57	2.83	3.15	3.43	3.13
n=53	終了時	3.49	3.68	2.92	3.28	3.34	3.49
	変化分	0.17	0.11	0.09	0.13	−0.09	0.36
女子	開始時	3.37	3.65	2.88	3.02	3.38	3.26
n=43	終了時	3.63	3.60	3.16	3.33	3.44	3.67
	変化分	0.26	−0.05	0.28	0.31	0.06	0.42

成績		①	②	③	④	⑤	⑥
上位	開始時	3.50	3.75	2.88	3.08	3.42	3.04
n=24	終了時	3.71	3.75	3.08	3.54	3.46	3.83
	変化分	0.21	0.00	0.21	0.46	0.04	0.79
下位	開始時	3.29	3.65	3.03	3.31	3.39	3.57
n=24	終了時	3.46	3.58	3.13	3.38	3.29	3.33
	変化分	0.17	−0.06	0.09	0.07	−0.09	−0.24

エネルギー変換の技術
～家庭の中での電気エネルギー～

河野卓也（大津市立石山中学校）

1. 実践の意図と目標

　中学校技術・家庭科技術分野では、エネルギーと社会・環境のかかわりについての学習は「エネルギー変換の技術」の内容として学習をすることが中心となる。「エネルギー変換の技術」では、簡単な電気を利用した機器の製作を通して学習し作品をつくることに長い時間を割くことが多い。生徒が製作可能な機器は簡単な電子回路で動作するものに限られるため、回路の動作の詳細に触れることはせず、組み立て技能の指導に終始してしまうこともある。現代の社会で使われている高度な機能をもった機器について、生徒が詳細を学ぶことは難しく、簡単な機器の製作を中心とした題材では、製作に必要な技能の一部を指導することはできるが、エネルギーと社会・環境のかかわりについて考える題材としては機能しないことが多いと感じる。

　生徒の日常の生活は電気エネルギーによって支えられており、家庭の中では多くの電気機器が使われている。安定した電力供給によって当たり前に電気を使うことができる生活に慣れ、電気エネルギーを常に使うことができる。また、絶え間ない技術開発によって電気機器の効率が上がり省エネルギーに大きな役割を果たしており、新しい技術による新しい製品は便利な機能を追加するだけでなく、エネルギーの効率的な利用に大きく寄与をしている。

　常に当たり前に電気機器を利用している生徒にとって、電気機器のほとんどは興味深い対象ではなく、スマートフォンやゲーム機など以外のものについては存在を気にしていないことが多い。生活に絶対に必要な電気機器は家庭に揃い、安定して稼働している状況の中で、それらの機器の必要性や生活を豊かに便利にしていることについてほとんど意識をしていないことが多いと感じる。実際に授業で生徒の意見を聞いても、「今、欲しいと思う電気機器」は、スマートフォンやゲーム機に限られている。また、「生活に必要な電気機器」を聞くと、冷蔵庫や洗濯機などがあがってくるものの、常に利用している機器でもなかなか多くを書き上げられないことも多い。

　こういった日常の中で、家庭での機器の消費電力や家庭で使用している電力量についての理解は非常に乏しいことが多い。省エネルギー技術や、安全を守る技術についても、ほとんどの生徒が気にせずに生活している。

エネルギーと社会・環境のかかわりについて考える一歩として、家庭の中での電気機器の使われ方に目を向けることを通して、自分の生活と電気エネルギーのかかわりについて考え、将来にわたっての電気エネルギー・電気機器との向き合い方を考えていく姿勢をもたせることを目標に本単元を実践した。エネルギー環境教育の視点では、電気機器の導入プランの条件として「多様なエネルギー源とその特徴」を理解して運用すること、「省エネルギーに向けた取り組み」を意識して家庭での電気エネルギーの利用を考えることを目標とした。

知識・技能	家庭で消費している電気エネルギーの実際を理解し、エネルギーの安定供給によって安定した生活を送ることができていることを理解する。省エネルギー技術が日々進歩し、技術によってエネルギーの効率のよい利用が促進されていることを理解する。
思考力・判断力・表現力等	省エネルギーを意識しながら電気エネルギーを利用した生活を営むために、さまざまな条件を確認し生活を適切にデザインしていく思考力・判断力を養う。
学びに向かう力	各個人の生活が、エネルギーと社会・環境のかかわりに直結していることを知り、自分の問題としてとらえて学習に取り組む。

2. 実践の構造

　目標の達成に向けて、次のような単元構成とした。

時	学習テーマ	主な内容	目標とのかかわり
1	生活の中の電気 電気機器 必要なものと欲しいもの	家庭の中で使っている電気機器 ・欲しいと思う電気機器 ・生活に必要な電気機器 自分の生活を支えている電気機器について、必要性と役割を確認する。	知識・技能 思考力・判断力・表現力等 学びに向かう力
2	生活に必要な電気機器を考えよう ヴァーチャルお買い物ツアー	特定の条件や予算の中で生活に必要な電気機器の構成について考える。 さまざまな発電の特性を整理し効果的に電力を利用する方法について考える。	知識・技能 思考力・判断力・表現力等 学びに向かう力
3	電気機器の効果的な利用について考えよう	さまざまな条件で考えられた電気機器の導入案を交流し、将来の生活において必要となる電気機器を正しく利用していくために考えなければならないことを確認する。	知識・技能 思考力・判断力・表現力等 学びに向かう力

　指導案は以下の通りである。（3時間の授業を想定）

1時間目

	学習活動	指導上の留意点
導入（10分）	1. 家庭の中にある電気機器を確認する ・家の中にある電気機器を全てあげてみよう。 学習プリントに思いつくかぎり家庭で使っている電気機器を書きあげる。	大量多種の電気機器を日常利用しながら生活していることを実感できるようにする。自分以外の家族が使っているものについては把握が難しいものもあることを確認させる。

	学習活動	指導上の留意点
展開①（20分）	2．生活に必要な電気機器を確認する 学習プリントに記入し、意見を交流する。 ・今、欲しいと思う電気機器をあげてみよう ・現代生活に必要な電気機器をあげてみよう 自分の生活を支えている電気機器について、必要性と役割を確認する。 ・最低限必要な電気機器はなんだろう ・一つだけ電気機器を使えるとしたら、何を選べばいいのだろう ・いくつ電気機器あれば、生活ができるだろう	各生徒によって欲しいものは大きくばらつくことをお互いに確認させる。 生活に最低限必要な電気機器は何なのかについて、各自の意見を交流し、議論させる。 「正解」はないが何も電気機器がなければ生活することは現在の日本の社会では難しいことを理解させる。
展開②（20分）	3．生活に必要な電力を予想する。 学習プリントに記入し、意見を交流する。 展開①であげた電気機器について、それぞれに必要な電力を予想する。 生活を維持するために、必要となる電力はどれぐらいなのかを、各電気機器の消費する電力の予想値をもとに計算する。	予想が難しい場合は、熱・光・動力など変換されるエネルギー別に、機器で消費する電力の概略値を示す。 全ての電気機器が同時に稼働した時に必要な電力と、必要なものを必要な時間だけ使う時の電力を予想させる。

2時間目

	学習活動	指導上の留意点
導入（10分）	1．必要な電気機器の電力と金額を予想する 学習プリントに記入し、意見を交流する。 前時の内容から家庭で必要な電気機器とその稼働に必要な電力について確認する。さらにそれらを購入するために必要となる金額について予想する。	前時に予想した電力に加え、購入に必要となる金額を予想させる。
展開①（15分）	2．プラン作成の条件を決める 二人一組で条件に従って電気機器の導入プランを作成する。 以下の条件をくじ引きで決定する ・予算　・電力の状況（電力の制限なし、使用できる電力の制限、オール電化住宅、太陽光発電のみ利用可能、商用電源なし）	予算と電力の状況をランダムにくじ引きをして、それぞれのグループの条件を決定する。
展開②（15分）	3．電気機器導入プランをつくる 与えられた条件に従って、二人で相談して必要となる電気機器をリストアップする。 ネットワークを用いて、条件にあう電気機器を探す。	ネットワークを検索し、プランを作成させる。 プランは表計算ワークシートに入力し、金額・電力の双方を確認しながら進めさせる。
まとめ（10分）	4．今後の課題を確認する 現在のプラン作成の進捗を確認し、次時に向けて解決が必要な事項を確認する。必要があれば、自宅の実際の電気機器を参考にするため、調べる内容を分担する。	自宅に帰って確認したいことがあれば、学習プリントに記入させ、次時までに確認させる。

3時間目

	学習活動	指導上の留意点
導入（5分）	1. 前時の課題を確認する。 前時の進捗状況と各自が家庭で調べてきた内容を共有し、本時の作業について計画する。	時間内にプランを完成させるために、目的を絞って作業に入らせる。
展開①（20分）	2. 電気機器導入プランをつくる プランの作成を継続する。 問題となるポイントを確認し、どうすれば問題を解決できるかを考える。 予算内、かつ電力の条件にあったプランを完成させる。	満足できないプランでも、時間内に完成させることを優先させる。
展開②（20分）	3. 作成したプランを検証する 各グループが作成したプランをネットワーク上で共有し、それぞれが与えられた条件を満たしているか、実際に生活をするうえで不便はないかを検証する。 それぞれのプランの問題点を指摘し、解決するための方法を記入する。	それぞれのプランのデータをネットワーク上で見ることができるようにし、コメントを書き込めるようにしておく。
まとめ（10分）	4. 将来の電気エネルギーとの向き合い方を考える この学習を通して学んだこと、将来自分で電気機器を購入することになったときに、考えなければならないことを学習プリントにまとめる。	自分のグループへのコメントを参照させ、将来にわたって生活を支えるさまざまな電気機器とどのように付き合っていくかについて考えさせる。

3. 実践の流れ

1時間目

家庭の中にある電気機器

　家族共有しているものだけでなく、個人で持っているものもあげると、把握することが難しいほどの電気機器を日常的に利用していることを確認する。また、どの家庭にもあるものと、自分の家だけにしかないものがあり、生活のスタイルによって利用する電気機器も多様になっていることにも気付いた。

生活の中の電気機器

　欲しいと思う電気機器は個人によって大きくばらつくが、必要な電気機器は一致することが多くなった。欲しいものと必要なものが違うことから、多くのものは贅沢なものであることを確認した。

　停電時に現代社会が大混乱をすることを例示し、現代社会は電気機器なしでは成り立たないことを再確認し、最低限必要な電気機器は何なのかについて意見を交流した。

生活に必要な電力

　これまでに学習した電気エネルギーについての知識をもとに、最低限必要な電気機器を運用するためにどの程度の電力が必要になるかについて予想した。予想が難しい場合は、熱・光・動力など変換されるエネルギー別に、消費する電力の概略値のヒントをもとに考えた。

　家庭内の全ての電気機器が同時に稼働した時に必要な電力と、必要な機器を限られた時間だけ使うと時に必要となる電力も計算して確認した。

2時間目

家庭で必要な電気機器

　前時の内容から、家庭で必要な電気機器とその稼働に必要な電力について確認し、さらにそれらを購入するために必要となる金額について予想した。

条件を決めよう

　特定の条件や予算の中で、生活に必要な電気機器の構成プランの作成に取り組んだ。

　さまざまな発電の特性を整理し、効果的に電力を利用する方法について考えた。二人一組で、条件に従って電気機器の導入プランを作成した。

　各グループの条件はくじ引きで決定した。

・予算（5万円~1000万円）

・電力の状況（使用できる電力の制限、オール電化住宅、太陽光発電のみ利用可能、商用電源なし）

お買い物ツアー

　与えられた条件に従って、グループで相談して必要となる電気機器をリストアップする。ネットワークを用いて、リストアップした電気機器について、与えられた条件にあうものを探し、金額や消費電力などを表計算ソフトウェアのワークシートにまとめていく。

3時間目

　前時の続きの作業を行う。前時に解決できなかった問題があった場合は、実際の家庭の電気機器を調べて参考にした。

作成したプランの検証

　各グループが作成したプランをネットワーク上で共有し、それぞれが与えられた条件を満たしているか、実際に生活をするうえで不便はないかを検証した。それぞれのプランの問題点を指摘し、解決するための方法を考え、ワークシートに記入して共有した。

将来の電気エネルギーとの向き合い方を考える

　この学習を通して学んだこと、将来自分で電気機器を購入することになったときに、考えなければならないことを学習プリントにまとめた。安定的な電力供給の上に生活が成り立っており、豊かな生活を維持しながら持続可能な社会を目指した技術の開発が進んでい

ることを実感した。

4. 実践の評価

　実際の電気機器を取り上げることによって、生活と電気エネルギーのかかわりについて理解することができたという感想が多く見られた。スマートフォンやゲーム機といった自分が欲しいものには興味があっても、生活必需品である「家電」には興味がない生徒がほとんどであったため、家庭での電気エネルギーについて考えるための入り口をもたない生徒が多かったように感じる。省エネルギーや電力の安定供給、エネルギー資源の安定供給などの題材を身近な話題に近づけるために、効果が大きい実践であったと感じている。

エネルギー環境教育の4つの視点を踏まえて、節電・節水の必要性を考える

八日市律子（京都市立大淀中学校・京都市立二条中学校）

1. 実践の意図と目標

「消費生活・環境」では、課題をもって、物資・サービスの購入から廃棄までの自分や家族の消費行動が、環境への負荷を軽減させることに繋がっていることを理解すること、また電気、水をはじめ、衣食住に関わる多くのものが限りある資源であり、それらを有効に活用するために、自分や家族の消費行動が環境に与える影響を自覚し、課題を解決する力を養い、工夫し創造しようとする実践的な態度を育成することをねらいとしている。

まずは、快適な生活を送るためには、エネルギーを多大に消費している現状を把握し、省エネルギーの必要性を考え、節電・節水等生活でできることを考えることが大事である。そして、日本のエネルギー自給率、地球温暖化問題、発電の種類とその特徴などの学習を深めることにより、地球規模での環境問題と自分たちの様々な生活が関連していることを理解することができる。そのため、家庭分野の学習内容である「省エネルギーの取り組み」だけでなく、様々な教科の学習内容である、エネルギー環境教育の4つの視点を取り入れることで、限られた時間内で、多面的・多角的にエネルギー・環境問題を学ぶことができる。さらに、エネルギー・環境問題を、未来を担う自分たちの課題としてとらえ、日常生活での実践的態度を身につけるとともに、未来の課題と展望についても考え、判断し、行動することができる生徒の育成を目指す。

また、私たちの生活に必要な資源「水」は決して無限ではない貴重な資源であること、そして、水道水を送る、きれいにするために、たくさんの電気が使われ、その電気を作るために、発電方法によってはCO_2が排出されることを理解し、必要以上に水を使わないことは、電気のムダを省き、CO_2の削減に繋がっていることを理解することが重要である。家庭での節水も、積み重ねれば社会全体の節水、節電、ひいては地球環境保護に繋がることを考え、判断し、行動できる生徒の育成も目指したい。

そこで、節電・節水をする理由を単に電気や水を大切にするためだけではなく、地球温暖化問題やエネルギー問題と繋げた考え方ができるよう、様々な教科【社会・理科・技術・家庭科（技術分野・家庭分野）】の学習内容を踏まえた教材を開発し、それを活用した授業展開を考えた。

2.実践の構造

　本題材では、持続可能な社会の構築に向けて、資源や環境に配慮した生活の工夫を考え、より良い生活を追及できる実践力を身につけたい。そして、一人ひとりが、節電・節水することが様々なものや人との繋がりがあること、さらに地球温暖化問題やエネルギー問題と大きな関わりがあることに目を向けるとともに、現世代だけでなく、将来世代にわたって住み良い世界を構築していこうとする意欲と態度を育てたい。そのために、エネルギー環境教育の４つの視点（①エネルギーの安定供給の確保　②地球温暖化問題とエネルギー問題　③多様なエネルギー源とその特徴　④省エネルギーに向けた取り組み）を踏まえた「指導者自作教材」（表１）を活用した授業を考えた。さらに、エネルギー・環境問題を、未来を担う自分たちの課題としてとらえ、日常生活での実践的態度を身につけるとともに、未来の課題と展望についても考え、判断し、行動することができる生徒の育成を目指した。

(1) 指導計画

題材名	時間数	学習活動	教科との関連
自立した消費者へ	1	消費者としての自覚	技術・家庭科（技術分野）⇒発電方法の特徴
	2・3	購入方法や支払い方法の特徴	
	4・5	消費者被害の背景と対応について	
	6・7	消費者の基本的な権利と責任	社会⇒日本の発電所の分布の特徴
消費者市民としての自覚	8	エネルギー・環境問題に関する内容（本時）	
	9	ゴミ問題・地層処分について	
	10・11	持続可能な社会の構築に向けて	

(2) 本時の目標

①エネルギー環境教育の４つの視点についてのクイズ形式のかるたやクロスワードパズルを行うことでエネルギー・環境問題の概要を理解する。【知識・技能】

②これからのエネルギー・環境問題に向けて、社会（個人）が実践すべきことを「未来に向けて、私からの提言」として考える。【思考・判断・表現】

表１　エネルギー環境教育の４つの視点を取り入れた「指導者自作教材」の活用

教科	指導者自作教材
理科	『教えて博士　地球温暖化って何？』（絵本スライド）図A
社会・技術分野	『コンセントの向こうには』（絵本スライド）図B
家庭分野	『エネルギー・環境問題についてのかるた』図C 『エネルギー・環境問題についてのクロスワードパズル』図D

3.実践の流れ

●**本時の授業展開**（50分）

①授業の導入（5分）

　これまでの様々な学習をもとに、地球温暖化問題の原因を考え、発表する。絵本スライド『教えて博士　地球温暖化って何？』（図A）を視聴し、自分たちの身近な生活と地球温暖化問題との関わりについて問題意識をもつ。（図1）

＜指導上の留意点＞

・便利で豊かな生活は、エネルギー消費の増大に繋がっていることを考える。

・『教えて博士　地球温暖化って何？』を活用し、かけがえのない地球に暮らす一人として、地球温暖化問題について考えようとする気持ちを高める。

・化石燃料を燃やすことで二酸化炭素が排出され、温室効果ガスの増加の原因になることを理解できるようにする。

・温室効果ガスが地球温暖化の原因になっていること、そして地球温暖化で地球全体の気候を大きく変える「気候変動」を引き起こす原因であることを理解できるようにする。

図1　絵本スライドを視聴する様子

＜指導者自作の視聴覚教材の活用＞

・『教えて博士　地球温暖化って何？』（図A）

　なぜ地球の温度が上がるのか、なぜ温室効果ガスが増加するのか、二酸化炭素はどんな時に発生するのかを考え、人間にとって便利な生活が地球温暖化の原因になることもあり、便利な生活と地球環境のバランスをとることが大切であることを学ぶ。

図A　『教えて博士　地球温暖化って何？』の一部

②授業の展開（展開1・展開2・展開3）（40分）

展開1（5分）

　普段使っている電気・水に関わる節電・節水の理由を考え、発表する。絵本スライド

『コンセントの向こうには』（図B）を視聴し、化石燃料の多くを輸入に頼る日本のエネルギー事情や、火力発電は二酸化炭素の排出と関連する石炭を燃料とするものが多いこと等に問題意識をもつ。さらに、電気エネルギーが日本に届くには、様々な国の人とものとのの繋がりが必要であることも考える。

＜指導上の留意点＞
・日本のエネルギー自給率が低く、発電に必要な多くの化石燃料を輸入に頼っていることを理解させる。このことから、電気エネルギーが家庭に届くには、様々な国の人とものとの繋がりが必要であることを考えることができるようにする。

＜指導者自作の視聴覚教材の活用＞
・『コンセントの向こうには』（図B）

　コンセントの向こうには送電線、変電所、そして発電所があり、発電には化石燃料が必要となる。その燃料の多くは輸入に頼っている。電気は世界と繋がっていることを学ぶ。

図B　『コンセントの向こうには』の一部

展開2（25分）

　クイズ形式の『エネルギー・環境問題についてのかるた』（図C）を使って、グループでかるた取りをし、エネルギー・環境問題に関する概要を理解する（図2）。かるた取りをした後、かるたの答えを記入する『エネルギー・環境問題についてのクロスワードパズル』（図D）を行い、エネルギー・環境問題に関する概要を再度確認し、復習する（図3）。

＜指導上の留意点＞
・読み札の読み手　⇒クラス全体で指導者が読む。（問題⇒答えがわかるスライドを活用）
・クロスワードパズルのシートに個人で答えを記入する。グループで行うのも良い。

図2　かるた取りをする様子　　　　　図3　クロスワードパズルをする様子

＜指導者自作の視聴覚教材の活用＞

・『エネルギー・環境問題についてのかるた』（図Ｃ）

　エネルギー環境教育の４つの視点に関する内容のクイズ（問題）を読み札とし、答えを取り札とした。かるたの答えを考えながら取り合うことで、楽しみながら、基礎的・基本的なエネルギー・環境問題の概要を身につけることができる。

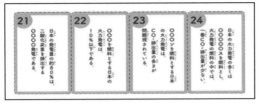

図Ｃ　『エネルギー・環境問題についてのかるた』の一部

・『エネルギー・環境問題についてのクロスワードパズル』（図Ｄ）

　かるたの読み札（問題）を解きながら、答えをクロスワードパズルのシートに記入していく。すべてのマス目に文字が入った後、最後の言葉（持続可能な社会）を考える。一度、クイズの答えを考えながら、かるた取りを行っているため、スムーズに答えを記入することができ、エネルギー・環境問題の概要を再度確認し、復習することができる。

図Ｄ　『エネルギー・環境問題についてのクロスワード』の一部

展開３（10分）

　エネルギー・環境問題についての絵本・かるた・クロスワードパズル等の学習を通して、地球環境を考えて、社会（国・行政・企業等）や私たち一人ひとりがすべきこと「未来に向けて、私からの提言」を各自で考え、記入する。そして、各自が考えた提言をグループで発表し合い、クラス全体でグループの考えを共有する。

＜指導上の留意点＞

・グループやクラス全体で考えを発表し合う時、他の生徒の考えを聞いて、「なるほど」
　と思ったことをまとめる。

③学習のまとめ（5分）

　本時の学習を振り返り、これからのエネルギー・環境問題について考えていかなければ
ならないことや今の自分の生活、さらに将来においてすべきこと、できることを考える。

4.実践の評価

　本実践は、エネルギー環境教育の4つの視点を踏まえた教材を活用したことで、節電・
節水の必要性を地球温暖化問題やエネルギー問題と関連付けて思考することができた。そ
の節電・節水（省エネルギーの取組）に向けて、社会（国・行政・企業等）や私たち一人
ひとりがすべきこと「未来に向けて、私からの提言」を示し、クラス全体で様々な提言を
共有したことで、自分事として、さらに社会全体の問題として考えることができたこと
は、以下の「未来に向けて、私からの提言」と生徒の感想から読み取ることができる。

「未来に向けて、私からの提言」

・問題解決のために技術革新が必要。

・学んだ内容を周りにも広めていきたい。

・地球温暖化ってわかってはいるけど行動に移せていないので、省エネをしていく。

＜生徒の感想＞

・エネルギー問題は自分たちの問題でもあり、地球の問題でもあるから、地球を守るため
　に一人ひとりが行動することが大切さと思いました。みんなで現状について知り、未来
　が豊かに暮らせるように、資源を無駄にしない方法などをきちんと考えて、工夫して使
　わなければならないと思いました。

・大きな問題である地球温暖化ということについて、自分にできることは何かを考えるこ
　とができた。しかし、自分一人でなんとかできる問題ではない。だからこそ、日本全体
　が考えを改める必要があると考えた。

・日本だけでなく世界でも地球温暖化の影響はあります。だから今私達にできることは、
　自分にできることを「探す」ことだと思います。

・地球温暖化、エネルギーに関する諸問題は決して他人事ではなく、自分達のすぐ身近に
　あることがわかったので、もっと問題意識をもっておこうと思いました。

　節電・節水の必要性を考える学習にエネルギー環境教育の4つの視点を踏まえた教材を
活用したことで、単に節電・節水をしていきたいという考えだけではなく、様々な教科の
知識が統合されて、様々な考えが生まれている。世界の国や人々との繋がりや、地球のこ
と、未来のことを自分事として考え、さらに社会・世界全体で考え、行動していくことの
大切さを考えるようになった。これからも、エネルギー環境教育を通して、思考力・判断
力、人間性を高め、未来を切り拓いていく力をつけ、持続可能な社会の構築に向けて考
え、行動していく力を育てていきたい。

持続可能な衣食住生活・消費生活を目指して、指導者自作教材（絵本）の活用

八日市律子（京都市立大淀中学校・京都市立二条中学校）

1. 実践の意図と目標

　「衣食住の生活」では、課題をもって、資源や環境に配慮した豊かな衣生活、食生活、住生活に向けて考え、工夫する活動を通して、衣生活、食生活、住生活に関する知識及び技能を身につけ、これからの生活を展望して、それらの課題を解決する力を養い、衣食住の生活を工夫し創造しようとする実践的な態度を育成することをねらいとしている。また、「衣食住の生活」の内容と「消費生活・環境」や「家族・家庭生活」の内容とを関連させることにより、生活の営みに係る見方・考え方の視点を、より多角的に働かせ、家庭生活をより総合的に捉えることができるように求められている。

　そこで「衣食住の生活」と「消費生活・環境」の内容に、エネルギー環境教育の4つの視点（①エネルギーの安定供給の確保 ②地球温暖化問題とエネルギー問題 ③多様なエネルギー源とその特徴 ④省エネルギーに向けた取り組み）を踏まえた「指導者自作教材（絵本）」（表1）を授業の導入で活用することを考えた。この取組を通して、次の二つの効果があると考える。一つ目は、衣食住の生活・消費生活において欠かせないエネルギーの消費が、様々なエネルギー・環境問題と関わりがあることに気付くことができる。二つ目は、実生活の想定しにくい「エネルギー・環境問題」の状況等をイメージすることができる。つまり、家庭分野の学習と「エネルギー・環境問題」とを関連させ、衣食住の生活や消費生活の中でのエネルギー・環境問題の要因や現状を学び、持続可能な社会の構築の観点から、資源や環境に配慮したライフスタイルを確立し、様々な問題の解決に向けて、適切に判断し、行動することができる生徒の育成を目指す。

　さらに、「家族・家庭生活」の学習時に、「指導者自作教材（絵本）」を見本とし、家庭分野と様々な教科で習得した知識を活用し、「エネルギー・環境問題」の内容の幼児向けの絵本を生徒自身が制作する活動を取り入れた。一人一つの絵本を制作することで、タブレットを活用し、「エネルギー・環境問題」について詳しく調べ、生徒同士の話し合い活動を通して考えを広げ、絵本をクラス全体で共有することで、主体的・対話的な学びとなる。さらに、制作した絵本を地域の園児に読み聞かせする場を設定することで、幼児の発達段階に応じた絵本の内容や伝え方を考える必要性が生まれ、より深い学びになると考えた。

表1　持続可能な社会の構築を目指した「指導者自作教材（絵本）」の活用

衣生活	食生活	住生活	消費生活・環境
『綿花ちゃんの旅』 （図1）	『りっちゃんと エコクッキング』 （図2）	『りっちゃんと 窓ガラスちゃん』 （図3）	『なるほど・ザ・5R』 （図4）

2. 実践の構造

　家庭分野では、持続可能な社会の構築を目指して、大量生産、大量消費、大量廃棄の行動様式や価値観を見直し、循環型社会の形成に向けての取組を考え、判断し、行動していくことが求められている。「衣食住の生活」や「消費生活・環境」において、持続可能な社会の構築のために、限られた資源を無駄にせず、効率的に活用する方法等を考えることができるように、「指導者自作教材(絵本)」（表1）を授業の導入に活用した。さらに、「衣食住の生活」や「消費生活・環境」の学習後に、「家族・家庭生活」の学習の中で、「エネルギー・環境問題」に関する幼児向け絵本を生徒自身が制作する場を設定し、クラス全体または地域の保育園での読み聞かせを行った。

(1) 指導計画

題材名		時間数	学習活動
衣食住の生活	衣生活と自立	1・2	衣服のはたらき・TPOを考えた着用の工夫
		3	持続可能な衣生活を目指して（図1活用）（本時1）
		4・5	衣服の手入れ・洗濯機を用いた洗濯
		6・7	衣服の選択
		8〜12	衣服の補修
	食生活と自立	1	食品に含まれる栄養素
		2	食品群　1日の食品の概量
		3・4	日常食の調理
		5	持続可能な食生活を目指して（図2活用）（本時2）
		6〜11	野菜・肉・魚を使った調理
	住生活と自立	1	住まいの役割・家族と住まいの関わり
		2	住まいの安全　家庭内事故
		3・4	災害に備えた住まい方
		5	健康で快適な室内環境
		6	持続可能な住生活を目指して（図3活用）（本時3）

		1	消費者としての自覚
消費生活・環境	自立した消費者へ	2・3	購入方法や支払い方法の特徴
		4・5	消費者被害の背景と対応について
		6・7	消費者の基本的な権利と責任
	消費者市民としての自覚	8	エネルギー・環境問題に関する内容
		9	ゴミ問題・地層処分について
		10・11	持続可能な消費社会を目指して（図4活用）（本時4）
家族・家庭生活	幼児の成長からの学び	1〜3	幼児の体・心の発達・生活習慣の習得
		4	幼児との関わり方
		5〜9	「エネルギー・環境問題」に関する絵本制作 絵本の読み聞かせ活動　　　　　　　（本時5）
		10	持続可能な社会の構築に向けて

(2) 学習の目標

「本時1・2・3・4の目標」

①毎日の衣食住の生活・消費生活において欠かせないエネルギーの消費が、様々な「エネルギー・環境問題」と関わりがあることを理解する。【知識・技能】

②毎日の衣食住の生活や消費生活の中から課題を見付け、環境・社会に配慮した行動を考え、工夫する。【思考・判断・表現】

「本時5の目標」

①「衣食住の生活」や「消費生活・環境」と「エネルギー・環境問題」との関わりを理解し、幼児の発達段階に応じた「エネルギー・環境問題」に関する幼児向け絵本を適切に制作する。【知識・技能】

②「衣食住の生活」や「消費生活・環境」と「エネルギー・環境問題」との関わりについての問題を見い出し、「エネルギー・環境問題」に関する幼児向け絵本のテーマを設定し、幼児の発達段階に応じた内容や表現を考える。【思考・判断・表現】

3. 実践の流れ

(1) 持続可能な衣生活を目指して『綿花ちゃんの旅』（図1）を活用した授業（本時1）

　「持続可能な衣生活を目指して」の授業の導入に活用した。衣服が消費者の手元に届くまでには、衣服の原料調達・製造・流通の過程があり、多くの資源やエネルギーが使用されている。このような点を踏まえ、衣生活においては、廃棄までを見通した衣服の購入、長持ちさせるための手入れや補修の必要性、不用となった場合の再利用やリサイクル等、衣服を計画的に活用することの必要性を考える。

＜指導者自作の視聴覚教材の活用＞

・『綿花ちゃんの旅』（図1）

綿花が栽培・収穫され、衣服となって製品化され流通した後、不用品として捨てられる運命となった衣服が、バッグに作り変えられ、再び途上国に送られ、綿花を栽培・収穫した少女の手元に戻るという話を通して、物を長く使い、再利用の大切さを学ぶ。

図1　『綿花ちゃんの旅』の一部

(2) 持続可能な食生活を目指して『りっちゃんとエコクッキング』（図2）を活用した授業（本時2）

「持続可能な食生活を目指して」の授業の導入に活用した。日常の食生活の在り方（食べ残しや食品の廃棄、食品の選択の仕方等）が環境に与える影響について気付くようにする。調理において、電気、ガス、水等の使い方の工夫を考え、食材を無駄なく使い、ごみの量を減らす調理の仕方の工夫を考える。

＜指導者自作の視聴覚教材の活用＞

・『りっちゃんとエコクッキング』（図2）

地産地消、無駄なくクッキング、残さず食べよう、エコで後片づけという環境に優しい買い物、料理、食事、後片づけの行動について考える。調理時の水・ガスの使用のみならず、電化製品（冷蔵庫等）の無駄のない、環境に優しい使い方についても学ぶ。

図2　『りっちゃんとエコクッキング』の一部

(3) 持続可能な住生活を目指して『りっちゃんと窓ガラスちゃん』（図3）を活用した授業（本時3）

「持続可能な住生活を目指して」の授業の導入に活用した。環境に優しい住生活に向けて考え、工夫する活動を通して、家族の生活と住空間との関わり、住居の基本的な機能等に関する基礎的・基本的な知識を身につけ、持続可能な住生活を目指して、住生活の課題を解決する力を養い、人・資源・環境に配慮した住まい方の工夫について考える。

＜指導者自作の視聴覚教材の活用＞

・『りっちゃんと窓ガラスちゃん』（図3）

　窓の役割、環境に優しい住まい方、人と自然との繋がり等を学ぶ。暑い日は、窓を開けて風を通し、日差しの調節には、窓にカーテン・すだれ・緑のカーテンをする等、人・資源・環境に配慮した住まい方の工夫について考える。

図3　『りっちゃんと窓ガラスちゃん』の一部

(4) 持続可能な消費生活を目指して『なるほど・ザ・5R』（図4）を活用した授業（本時4）

　「持続可能な消費生活を目指して」の授業の導入に活用した。物資・サービスの購入から廃棄に至る自分や家族の消費行動が、環境への負荷を軽減したり、企業への働きかけとなって商品の改善に繋がったりすることを理解する。具体的には、電気、ガス、水をはじめとする衣食住に関わる多くの生活資源が有限であることや、5R（Refuse：拒否、Reduce：発生抑制、Reuse：再使用、Repair：修理、Recycle：再生利用）の実践が与える影響等を考える。その際、自分や家族だけでなく多くの人が行い、一度だけでなく長期にわたって継続することの大切さに気付く。

＜指導者自作の視聴覚教材の活用＞

・『なるほど・ザ・5R』（図4）

　5Rの具体的事例を知る。私たち一人ひとりが、物を捨てる前、買う前に考え、判断し、行動するが地球の環境を守り、私たちの未来を守ることになることを学ぶ。

図4　『なるほど・ザ・5R』の一部

(5) 「エネルギー・環境問題」に関する絵本制作、絵本の読み聞かせ活動

　「指導者自作絵本」を見本とし、これまでの様々な教科で習得した知識を活用し、生徒一人ひとりが「エネルギー・環境問題」に関する幼児向けの絵本を制作した。作り方は、画用紙にペン等で描いた。タブレットを活用して制作し、テレビ会議システムを使って絵本の読み聞かせ活動を保育園と行う予定である。またJICA（国際協力機構）の協力のもと、アフリカのマラウイ共和国の子どもたちに向けて、英語で制作した絵本の読み聞かせ活動、エネルギー事情や自国の様々な文化交流なども実施する計画もある。

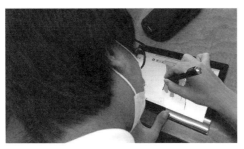

写真1　絵本を制作する様子

写真2　絵本を保育園で読み聞かせする様子

4.実践の評価

　本実践を終えて、家庭分野だけなく、エネルギー環境教育の4つの視点を踏まえた「指導者自作教材（絵本）」を活用したことで、持続可能な社会の構築を目指して、様々な視点から、自分事としてだけでなく、社会や地球環境のことを考えて、何をすべきかを考えることができた。実践後の以下の生徒の感想から読み取ることができる。

・日本はエネルギー資源を他国にたよっていることがわかった。地球温暖化を防止するためには、国はもちろん、一人ひとりががんばらなければいけないと思った。

・地球温暖化の知らなかった、その中身の部分がわかった。国は発電の仕方を考え直す必要があると思った。私達は、省エネの方法を考えていきたい。

・発電と地球温暖化は関係があることがわかって、発電のメリット、デメリット双方を理解したうえで、どの方法にするかを見直すべきだと思った。

・今、この日本はたくさんのエネルギー・環境問題があることを知ったので、これからの授業でもっと詳しく知りたいなと思いました。

・世界が身近になり、世界との関わりが深くなっていく中で、様々なものの規模が大きくなり、誰しもが世界・地球規模で物事を捉え、考えていく必要があると思う。エネルギーで人は生き、モノが動いているこの現代社会において、事象を多方面から捉え、自分の考えをもち、それを交流・共有することが、これからの世界で必要なことだと思う。

　また、幼児向けの「エネルギー・環境問題」に関する絵本を制作したことで、「エネルギー・環境問題」の幼児に伝えたい内容を試行錯誤しながら考え、制作し、読み聞かせしたことで、幼児に伝える喜びを味わったことが、以下の生徒の感想から読み取れる。

・絵本製作では「エネルギー・環境問題」という難しいテーマをどうやって小さな子どもでも理解できて、楽しめるのかと悩んで工夫することが大変でした。でも、これからの未来のために、大人だけでなく小さい子の全ての人が協力して取り組んでいく必要があるので、とてもやりがいや達成感がありました。

地層処分の学習を通して、社会や自分自身ができること・すべきことを考える

八日市律子（京都市立大淀中学校・京都市立二条中学校）

1. 実践の意図と目標

「消費生活・環境」では、課題をもって、持続可能な社会の構築に向けて考え、工夫する活動を通して、消費生活・環境に関する知識及び技能を身につけ、これからの生活を展望して、身近な消費生活と環境についての課題を解決する力を養い、身近な消費生活と環境について工夫し創造しようとする実践的な態度を育成することをねらいとしている。

私たちの快適な生活は大量生産・大量消費・大量廃棄型の社会であり、毎日活動すると必ず様々なゴミが発生する。そのゴミが処分されず生活する状況を想像することで、快適に生活できるのは、ゴミを適切な方法で処分しているからであることがわかる。そしてゴミの中には、限られた地球の資源を繰り返し使っていくことができるものがあることも確認する。私たちの生活に不可欠な電気をつくる際に出るゴミについて、火力・太陽光・原子力発電等からもゴミが出ていること、様々な方法で処分され、リサイクルされていることを伝える。

本実践では、原子力発電所から出たゴミ（高レベル放射性廃棄物：ガラス固化体）の概要の理解を深めること、そして高レベル放射性廃棄物はすでに日本に存在し、処分しなければならない日本が抱える重大な問題であること、さらにこの処分問題は長期間にわたって取り組む必要があるため、次世代を担う子どもたちも責任をもって考えなければならない課題であることを伝えていくことが重要である。そのため、地層処分という現実の課題と向き合い、リスクやその対策等の考察を通して、社会や自分自身ができること・すべきことを思考・判断・表現することができる生徒の育成を目指したい。

そこで原子力発電環境整備機構（ＮＵＭＯ）と協力し、中学校２年生を対象に授業を行った。協力して行うことで生徒同士、教師、専門家の方との対話ができ、さらにＮＵＭＯの資料を手掛かりに、自己の考えを広げ、深めることができる。これまでは自作教材を活用し、エネルギー、環境問題の概要を学んだ後に、ＮＵＭＯの講義を聞いて各自で振り返るだけという授業展開だった。そこで今回は、生徒の考えを共有するために、ロイロノートというコミュニケーション学習ツールを活用した。地層処分についての学習を通して、現実の課題と向き合い、リスクと対策を考え合うことで、主体的・対話的で深い学びとなり、さらにこの課題を自分事して認識し、多角的に考えることができる授業実践を目指した。

2. 実践の構造

　本題材では、持続可能な社会の構築に向けて、消費生活と環境を関連させ、消費者市民社会の担い手として、自分や家族の消費生活が環境や社会に及ぼす影響について考える。消費者の責任と関連させて扱い、物資・サービスの購入から廃棄までの自分や家族の消費行動が、環境への負荷を軽減させ、企業や社会への働きかけとなって社会変革に繋がることを理解できるように考えた。社会科・技術・家庭科（技術分野・家庭分野）のクロスカリキュラムで取り組むことで、限られた時間内で、多角的にエネルギー・環境問題を学ぶことができた。

(1) 指導計画

題材名	時間数	学習活動	教科との関連
自立した消費者へ	1	消費者としての自覚	技術・家庭科（技術分野）⇒発電方法の特徴
	2・3	購入方法や支払い方法の特徴	
	4・5	消費者被害の背景と対応について	
	6・7	消費者の基本的な権利と責任	社会⇒日本の発電所の分布の特徴
消費者市民としての自覚	8	エネルギー・環境問題に関する内容	
	9	ゴミ問題・地層処分について（本時）	
	10・11	持続可能な社会の構築に向けて	

(2) 本時の目標

①原子力発電所から出たゴミ（高レベル放射性廃棄物：ガラス固化体）の地層処分について理解し、処分問題は私たちが責任をもって考えなければならない課題であることを知る。【知識・技能】

②地層処分の学習を通して現実の課題と向き合いリスクやその対策等を考察し、社会や自分自身ができること・すべきことを思考・判断・表現する。【思考・判断・表現】

3. 実践の流れ

●本時の授業展開（50分）

①授業の導入（5分）

　私たちの生活には様々なゴミが発生していることを確認し、毎日の生活から出るゴミにはどのようなものがあるか考え、発表する。そして、私たちの生活に不可欠な電気を作る際に出るゴミの中の原子力発電所から出たゴミ（高レベル放射性廃棄物：ガラス固化体）の処分方法である地層処分について問題意識をもつ。

＜指導上の留意点＞

・様々なゴミの教材（図1）を提示し、ゴミが処分されずに生活する状況を想像すること

で、快適に過ごせるのは、ゴミに適した方法で処分されているからであることを確認する。

・ゴミの中には、リユース・リサイクルされるものも多くあることを確認する。

・私たちの生活に不可欠な電気をつくる際に出るゴミがあることを知らせ、本実践は原子力発電所から出たゴミの処分方法である地層処分について学習することを伝える。

・NUMOによる講義の前に、指導者自作のミニチュア版人工バリア（防護壁）の段階模型（図2）を提示し、地層処分への興味・関心を高め、このゴミをどこに、どのような方法で処分するのが良いのかを学習することを伝える。

＜指導者自作の視聴覚教材の活用＞

・様々なゴミの教材（図1）

　様々なゴミをイメージするために色画用紙を使って制作した。ゴミ問題と地球環境が密接な関係があることを認識できるよう、地球がゴミを持っているイラストにした。

|生ゴミ|紙類|衣服|容器|
|乾電池|糞尿|排気ガス|二酸化炭素|

図1　様々なゴミの教材

・人工バリア（防護壁）の段階模型（図2）

　自作のミニチュア版の人工バリアの段階模型を制作した。NUMOの講義の前に、段階模型を提示することで、地層処分についての学習の興味・関心を高める。

説　明	段階模型提示
①これが高レベル放射性廃棄物：ガラス固化体です。 （放射性物質をガラス構造に取り込む。）	⇒　開く　⇒　　ガラス固化体

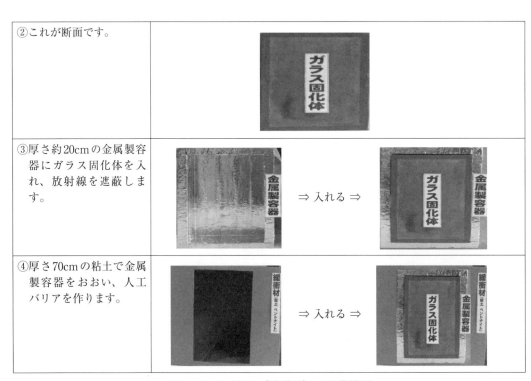

②これが断面です。	
③厚さ約20cmの金属製容器にガラス固化体を入れ、放射線を遮蔽します。	⇒ 入れる ⇒
④厚さ70cmの粘土で金属製容器をおおい、人工バリアを作ります。	⇒ 入れる ⇒

図2　人工バリア（防護壁）の段階模型

②授業の展開（展開①・展開②）（40分）

展開①（20分）

　NUMOによる講義（スライドを活用）を聞いて、原子力発電で発生する高レベル放射性廃棄物の処分方法である地層処分についての概要を捉えた。

＜指導上の留意点＞

　NUMOによる講義は、メモをとりながら聞くよう指示する。

展開②（20分）

　NUMOによる講義のあと、3つの質問の回答を各自で考え、ロイロノートに入力し、生徒の回答を、テレビ画面を活用し共有した。

　質問①⇒地層処分を行うリスクとその対策を考えましょう。

　質問②⇒地層処分の認知拡大のための方法を考えましょう。

　質問③⇒あなたは、自分の家の近くで地層処分を実施しても良いと思いますか。

＜指導上の留意点＞

　質問の回答を考える時、疑問に思うことがあれば、NUMOの資料や自分が書いたメモを見たり、さらに生徒・教師・NUMOの方に積極的に質問するように指示をした。

③学習のまとめ（5分）

　高レベル放射性廃棄物の処分問題は、私たちが責任をもって考えなければならない課題であることを知り、自己評価等を記入し、授業を通して考えたことを発表した。

＜指導上の留意点＞

　エネルギー・環境問題はこれから何十年、何百年と続く未来に繋がる、私たちが知恵を出し合って考え、解決していかなければいけない課題である。まずは高レベル放射性廃棄物の処分問題があることに気づく。そして未来予想図の自作パネル教材（図3）を活用し、これからの自分・社会について考える。幼いころは〜をしたい、〜になりたいことだけを考え、自分と社会は切り離して考えていた。しかし中学生になると、自分は社会の一員だと気づき、社会に関心をもつようになる。自分が社会に近づき、交わり、社会に関わり始めた時期に「自分はこう思う」「こうすればいいのではないか」と考え始める。これからの未来を生きる、未来を切り拓くためには、エネルギー・環境問題について、みんなで知恵を出し合って考え、判断し、行動していくことができる人を育てていきたい。

＜指導者自作の視聴覚教材の活用＞

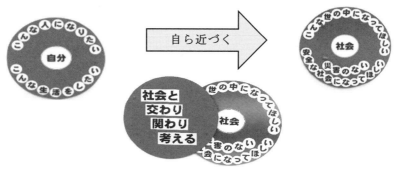

図3　未来予想図

4.実践の評価

　本実践後の自己評価や生徒の感想から考察すると、様々な対話を通して地層処分についての知識・理解が深まり、課題を自分事として考え、課題解決のために考えて、行動していくことの重要性を実感できたと考える。質問①〜③の回答は下記のとおりである。

質問①『地層処分を行うリスクとその対策を考えましょう。』に対する生徒の回答

・リスク⇒人や他の生き物の命、生活環境の危険性に対する不安が多い。

　　対策⇒安全性をみんながわかるように示す、本当に安全なのか何度も調査・検討する。

・リスク⇒地層処分するまでに時間がかかりすぎる。

　　対策⇒もっと効率良く簡単にできる方法を開発する等、技術開発に目を向けていく。

・リスク⇒ガラス固化体を移動する時、地中に埋める時に機械やロボットが誤作動・故障する。

　　対策⇒点検・予備の機械の準備、技術開発をする。

＜生徒の感想から＞「ガラス固化体の処分について、僕は処分したら終わりじゃなくて、そこから管理することが大切だとわかりました。あとは処分場には安全性や地域住民の理解などいろいろな方面から配慮していることがわかりました。僕はこの仕事をする人はす

ごいと思いました。」と多面的・多角的に考えていた。

質問②『地層処分の認知拡大のための方法を考えましょう。』に対する生徒の回答
・メディアの活用⇒新聞やテレビ・ラジオ・ＣＭ・ポスター・チラシ・ネット・
　YouTube
・人に伝える⇒家族・友だちに伝えるや教育に取り入れ、小中学校で授業・講演する、
＜生徒の感想から＞「原子力発電は私たちとあまり関係ないと思っていたけれど、今の私たちの生活に深く関わっていることがわかりました。また、放射線は離れ、何かでさえぎることが大切で、一番安全な処分方法は地層処分であり、20年程度の調査をして安定した場所を選ぶことを聞いて、とっても長い年月を通して安全に保管できるように考えていて、とても努力をしていると思いました。もっとたくさんの人たちにこのことを知ってもらいたいと思いました。」と地層処分についてたくさんの人に広めたいと考える生徒もいた。

質問③『あなたは、自分の家の近くで地層処分を実施しても良いと思いますか』の回答
　良いと思う理由は、「20年間調査を行い安全と判断されれば危険性は少ないと思う」や「結構対策をしている」、「役にたてる」、「地下だから生活に影響しないと思った」、「早く処分しないといけない」等があった。良いと思わない理由は「廃棄物が家の近くにあると思ったら生活するのが怖い」、「ロボットの誤作動が怖い」等心理面での理由が多かった。
＜生徒の感想から＞「青森だけに高レベル放射性廃棄物があるのはダメだと思う。だからといって、自分の家の近くに高レベル放射性廃棄物を埋めてもいいですかと言われても不安な気持ちもあるし、埋めた方が、日本が安全になるかもしれないしという、半分半分な気持ちでした。」とジレンマを感じている様子がわかる。
＜生徒の感想から＞「今まで、放射性物質について、何も知らないまま怖がっていましたが、今日、地層処分について聞いて今までの怖さが少しやわらぎました。正しい情報を聞いて、正しく怖がることが大切だと思いました。地層処分はこれから未来を生きていく僕たちにとても関わりのあるものです。だから、今日学んだこと以外にも自分で様々なことを調べていこうと思います。」
＜生徒の感想から＞「今を生きる私たちの問題の中の１つを知ることができました。今後、いい未来を築いていくためにも、地層処分のリスクを少しずつ減らしていくためにも、今の自分にできることがあるなら積極的に取り組んでいきたいです。地層処分は私たちに全く無関係なことでないから、今後、ガラス固化体をどのように処理していくのか、管理していくべきなのかは、今を生きる私たちにとっての課題であり、未来の課題でもあるから、より安全な社会をつくっていくには、学んだことを伝えて、発信していくなどできることを少しずつ始めていきたい。」と安全な社会・未来のために何かをしていきたいと考えていた。

　本実践の地層処分という現実の課題と向き合い、リスクやその対策等の考察をしたことで、自分事、さらに社会の一員として考え、判断し、表現することができたと考える。

エネルギーの安定供給の確保をベースとした エネルギー環境教育

竹澤秀之（越前市花筐小学校）

1. 実践の意図と目標

　日本のエネルギー問題の根幹は、エネルギー自給率（12.1％，2019年）が低く、自国だけでエネルギーの安定供給の確保が難しいところにある。日本は、エネルギー資源のほとんどを外国から輸入しているが、近年、新興国のエネルギー需要拡大により世界のエネルギー需給も逼迫しており、エネルギー資源を確保することが容易ではない。また、石油・石炭・天然ガスなど利用しやすいエネルギー資源（化石燃料）は、燃やすと二酸化炭素が大気中に放出され、地球温暖化を引き起こす問題がある。今の豊かなくらしを持続・発展させるには、単にエネルギー資源（化石燃料）を確保し使い続けるのではなく、地球温暖化問題に対応したエネルギー方策が必要となる。

　そこで、中学校の総合的な学習の時間を中心に、エネルギー問題を正しく理解し、環境に配慮した方策を考え行動できる生徒、すなわち持続可能な社会を構築する生徒の育成をめざした。そこでは、日本のエネルギー問題の根幹である「エネルギーの安定供給の確保」を最重要課題（ベース）として位置づけ「地球温暖化問題とエネルギー問題」、「多様なエネルギー源とその特徴」、「省エネルギーに向けた取り組み」の3つの視点を「エネルギーの安定供給の確保」によりそう形で学習を展開させた。

2. 実践の構造

　実践は、総合的な学習の時間を中心に理科や社会科、技術家庭科といったエネルギー関連の学習内容がある教科でも学ぶ教科横断的な学習を1学年から3学年にかけて3年間で学ぶ形式で行った。

　1年では、日本のエネルギー問題の根幹である「エネルギーの安定供給の確保」を最重要課題として捉え、日本のエネルギー自給率の低さを常に意識しながら、この問題にどのように対処していくかを考えた。2年では、「地球温暖化問題とエネルギー問題」を学習した上で、「エネルギーの安定供給の確保」をどのようにすればよいかを考えた。3年では、「多様なエネルギー源とその特徴」を学び、「地球温暖化問題とエネルギー問題」を踏まえ、「エネルギーの安定供給の確保」をどのようにすればよいかを考えた。「省エネルギ

ーに向けた取り組み」は、他の3つの視点での学習を進める中で自分たちにできることは何かを考えるようにした。

　各学年での実践は、2〜3時間程度とし3年間で9時間程度とした。実践の進め方としては、1年目に1・2・3学年の実践を一度に行うのではなく、1年目に1年生だけで実践を行い、2年目に進級した2年生と新1年生に実践を行い、3年目に進級した2・3年生と新1年生に実践を行った。これは、授業時間数をコンパクトにし効果的な実践を無理なく行うことで、本校（越前市武生第一中学校）の総合的な学習の時間に本実践が位置づけられるとともに、他の学校でも本実践が広がる可能性が高まると考えたからである。

　本実践は、経済産業省資源エネルギー庁のエネルギー教育モデル校支援事業の支援（平成26年度より3年間）を受け行ったものである。

表1　3ヶ年の研究計画

	1年目	2年目	3年目
3年生	×	×	多様なエネルギー源とその特徴
2年生	×	地球温暖化問題とエネルギー問題	地球温暖化問題とエネルギー問題
1年生	エネルギーの安定供給の確保	エネルギーの安定供給の確保	エネルギーの安定供給の確保

3. 実践の流れ

3.1 「エネルギーの安定供給の確保」（1学年）

　「日本のエネルギーについて考えよう」と「日本の電力供給とエネルギー資源」の2時間で構成した。授業は講義形式で、1学年全員（207人：7クラス）を対象に体育館および多目的ホールで行った。（平成26年度）

3.1.1　「日本のエネルギーについて考えよう」

　日本はエネルギー資源に乏しく、エネルギー自給率が6％（当時）に低下していること、また、新興国の経済成長に伴い、世界のエネルギー需給は逼迫していることを理解し、日本として、社会を持続させるためにはどうしたらよいかを考えた。

授業計画
■エネルギーとは何か
■エネルギーで見た世界の中の日本
■もし、日本が海外からエネルギー資源を買うことができなくなってしまったら、私たちの生活はどのようなってしまうのだろうか？ ■『日本のエネルギー事情』を知ったあなたは、これからどのようなことを考えていかなければならないのだろうか？
■まとめ

　授業後の生徒の考えでは、ほとんどの生徒が日本のエネルギー自給率の低さにふれ、その解決方法を述べていた。

エネルギー資源を節約すると述べた生徒は93％、海外との協力が大切であると述べた生徒は58％、日本独自で新しいエネルギーの開発をすると述べた生徒は44％であった。

「授業後の生徒の考え」

　日本のエネルギー自給率の低さが分かりました。でも、エネルギー資源は日本にはないのでこの問題はどうしようもないと思います。しかし、それは今の段階であって、これから自然エネルギーを利用した日本独自のエネルギー開発を工夫していってほしいと思います。それができるまでは、一人ひとりが無駄をなくし、エネルギーを大切にしていくことが大切だと思います。そのために地域の活動や公共の場所に出て自分の思いを伝えることが大切だと思います。

（授業後の生徒の考えは、主なものを記載.以下同じ）

3.1.2　「日本の電力供給とエネルギー資源」

　エネルギーは私たちの生活を支えており、エネルギーの供給が途絶えると日本はパニックになることを海外での例を取り上げ、考えた。また、石油を例にとり、エネルギー資源の確保の難しさを考えた。中東から日本までの航路を毎日30万ｔタンカーが往復していることや、過去にあったオイルショックを理解した。そこで、エネルギー資源の乏しい日本では、エネルギー資源を分散化させることでリスクを少なくしていることを考えた。

授業計画
■日本のエネルギー自給率は6％
■なぜ日本のエネルギー自給率は低いのか
■日本のエネルギーでこれから考えていかなければならないことは何か？
■エネルギー資源と私たちの生活
■エネルギー資源の確保の難しさ 　○シーレーン　○オイルショック
■エネルギー資源の分散化 　○日本の発電電力量と発電電力量に占める各電源の割合（2012年）
■各電源のメリット、デメリットについて
■まとめ

　授業後の生徒の考えでは、ほとんどの生徒がエネルギー資源の安定供給の確保の難しさについて述べていた。そして、エネルギー資源の節約や海外との協力の大切さを改めて考える機会となった。生徒の中には、これからの日本の発電方法のあり方について自分の考えを述べる者もでてきた。（約30％）

「授業後の生徒の考え」

　日本はとってもたくさんエネルギー資源を使っていて、もしエネルギー資源の供給が止まってしまったら、日本は大変なことになってしまうと思いました。それぞれの発電方法にもメリット、デメリットがあり、どちらを優先すべきかを考えないといけないと思いました。

3.2 「地球温暖化問題とエネルギー問題」（2学年）

　地球温暖化は、二酸化炭素の増加が原因と考えられており、二酸化炭素は化石燃料を燃やすことで大量に発生することを理解した上で、生徒一人ひとりが日本のエネルギーを安定させる発電方法の割合を考えた。また、グループ内でも話し合い、意見の集約をした。（平成27年度）

授業計画
■日本のエネルギー自給率は6％？
■日本のエネルギーでこれから考えていかなければならないことは何か？ 　○省エネ　○外交　○開発
■各電源のメリット、デメリットについて

地球温暖化とエネルギー問題
■二酸化炭素の増加と地球温暖化
■地球温暖化の影響
■なぜ、二酸化炭素が増え続けるのか
■もし、あなたが日本の総理大臣だとして日本人の暮らしを考えたら、どのような発電方法の割合で日本のエネルギーを安定させますか？
■まとめ

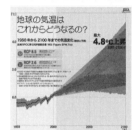

　地球温暖化を学習した後に日本の電源構成を考えたところ、太陽光を中心としたものを考えた生徒の割合は45％であり、水力は20％であった。再生可能エネルギーとしては65％であった。また、原子力を中心としたものを考えた生徒は14％であり、火力は6％であった（中心とは、全体の40％以上をその発電方法にしていること）。その他の15％は、どの発電方法も均等に配置したバランス型であった。

1．もし、あなたが日本の総理大臣だとして、日本人1億2698万人の暮らしを考えたら、どのよう発電方法の割合で日本のエネルギーを安定させますか？

風力 21％	水力 20％	太陽光 18％	原子力 15％	火力 10％	地熱 6	他 10％

2．上記の割合にした理由を述べよ。
　水力や太陽光や風力は、自然の力を借りて発電しているので、害が少ない。

3．グループ内で話し合い、その中で決まった発電方法の割合とその理由を書こう。

風力 20％	水力 20％	太陽光 20％	原子力 15％	火力 5	地熱 15％	他 5

　水力はエネルギー変換効率が高く、太陽光と風力は地球や人間にあまり影響を及ぼさないから20％にした。地熱は、ほとんど1年中エネルギーを取り出せるから15％にした。火力は二酸化炭素を出すから5％にした。

> **「授業後の生徒の考え」**
>
> 　生きていくためのエネルギーをつくることで地球温暖化が進んでいることが分かりました。火力発電のように二酸化炭素を放出する発電ではなく、自然を使った発電、人体に害がある時があるけど二酸化炭素を出さずに少しの資源で大量のエネルギーをつくれる原子力発電などで発電すればよいと思いました。

3.3 「多様なエネルギー源とその特徴」（3学年）

　「多様なエネルギー源とその特徴」を理解し、日本のエネルギーを安定させる方法を考えた。また、日本のエネルギーを安定させる方法の意見交換を友達と行い、自身のエネルギーに関する考えを深めた。（平成28年度）

　10年後と30年後の日本の電源構成を考えるようにしたところ、ほとんどの生徒が火力発電を中心としたものを考えていた。また、20年の間に地球温暖化につながる火力発電の割合を減らしていくというものが多かった。

授業計画
■課題の提示 ☆もし、あなたが日本の総理大臣だとして日本人の暮らしを考えたら、どのような発電方法の割合で日本のエネルギーを安定させますか？近い将来（10年後）遠い将来（30年後）
■意見交換
■まとめ

> **「授業後の生徒の考え」**
>
> 　今日の授業で、みんな様々な意見を持っていておもしろいなと思いました。ある人は「発電量」に注目しているし、ある人は「環境」に注目しているなど、自分がどうしたいかを考えることによって、自分が目指す「発電の割合」は変わってくるのだなと思いました。
> 　みんな「日本の未来のエネルギー問題を解決したい‼」という目的の下考えたものなので、すべての意見を尊重したいです。ただ、自分が考えた意見もあるので、今日みたいに疑問に思ったことを互いに討論し合って、納得できるものがよいのではないかと思いました。

1．もし、あなたが日本の総理大臣だとして，日本人1億2698万人の暮らしを考えたら、どのよう発電方法の割合で日本のエネルギーを安定させますか？

　近い将来（10年後）

火力 60%	原子力 15%	水力 10%	太 7	地 4	風 4

　遠い将来（30年後）

火力 45%	原子力 30%	水力 10%	太 5	地 5	風 5

2．上記の割合にした理由を述べよ。
　10年後から原子力を多くしたいけど、多くの国民は反対しているので、まだしばらくは火力に依存しないといけないと思う。だんだん国民の反対を説得して、30年後には原子力を増やし

ていったらいいと思う。再生可能エネルギーには設置場所や変換効率など限界があるので、割合を増やすことができない。

4. 実践の評価

　1学年では、「エネルギーの安定供給の確保」で日本のエネルギー自給率が6％と低いことから、「省エネ」「外交」「エネルギーの開発」がエネルギーの安定供給の確保に必要だと考えた。また、各発電方法のメリットやデメリットを理解し、日本の発電方法の割合を真剣に考えていこうという態度が養われた。2学年では、「地球温暖化問題とエネルギー問題」で、火力発電は地球温暖化の原因となる二酸化炭素が大量に発生することを理解した上で、日本のエネルギーを安定させる発電方法の割合を考えた。火力発電の割合を低く抑えた発電の割合を考えている生徒が多くなった。3学年では、「多様なエネルギー源とその特徴」で、今までに学習したことをもとに、世界情勢や経済性なども含めで、日本のエネルギーを安定させる発電方法の割合を考えた。一人ひとりがエネルギーに関しての考えをもち、意見交換ができた。そして、友達の意見を参考にしながら、自分の考えを深めることができた。

　エネルギー環境教育を進めるにあたり、重要だとされている4つの視点のうち、本実践では「エネルギーの安定供給の確保」を最重要視した。エネルギー問題が起因とされている地球温暖化問題に取り組むことは大切だが、日本のエネルギー自給率が6％しかないということを常に考えていかなければ、現実に即した議論になりにくい。本実践でも2学年の時に地球温暖化問題を取り上げ、日本の電源構成のあり方を考えさせたところ、再生可能エネルギーが中心の電源構成を考える生徒が65％近くでてきた。しかし、1学年の時にエネルギーの安定供給の確保の大切さを学習していたため、3学年でベストミックスを考えさせた際には、エネルギーの安定供給の確保を中心とした現実的な議論となった。

IV

高等学校における
エネルギー環境教育の実践例

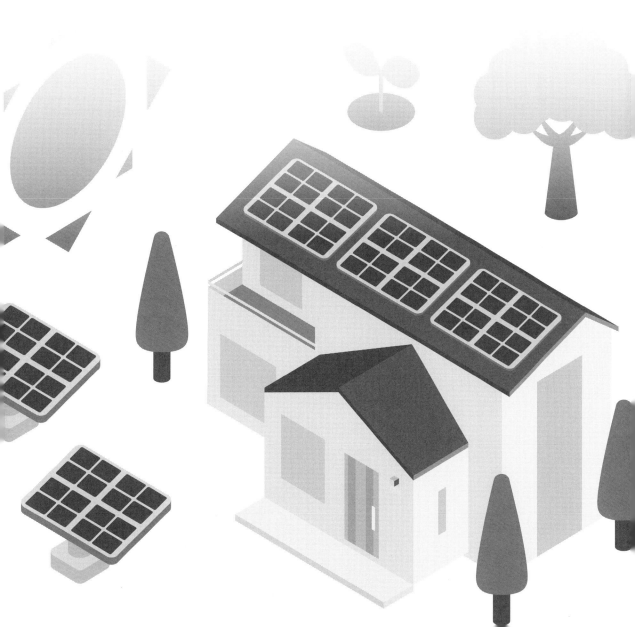

持続可能なエネルギーシステムを目指して
～エネルギー利用の現状と課題～

新井教之（京都教育大学附属高等学校）

1. 実践の意図と目標

　高等学校地理歴史科では、2022年度より「地理総合」（2単位）が必履修科目となった。「地理総合」は大きく3つの項目から構成されており（「A　地図や地理情報システムで捉える現代世界」、「B　国際理解と国際協力」、「C　持続可能な地域づくりと私たち」）、最初に地図や地理情報システム（GIS）を学び、そこで培われた地図やGISについての技能を「地理総合」の他の単元でも活かしていくことが意図されている。エネルギーについての学習は、「B　国際理解と国際協力」の「（2）地球的課題と国際協力」「資源・エネルギー問題」に位置づけられる。学習指導要領解説地理歴史編によると、「資源・エネルギー問題」の学習では、次の事項を身に付けさせる内容となっている。①「世界各地でみられる資源・エネルギー問題を基に、地球的課題の各地で共通する傾向性や課題相互の関連性などについて大観し、理解すること」、②「世界各地でみられる資源・エネルギー問題などを基に、地球的課題の解決には持続可能な社会の実現を目指した各国の取組や国際協力が必要であることなどについて理解すること」、③「世界各地でみられる資源・エネルギー問題などの地球的課題について、地域の結び付きや持続可能な社会づくりなどに着目して、主題を設定し、現状や要因、解決の方向性などを多面的・多角的に考察し、表現すること」の3つである。以上の内容を踏まえて、高等学校地理歴史科「地理総合」において、「持続可能なエネルギーシステムを目指して」というテーマで、「資源・エネルギー問題」の授業を実践した。GISを用いて、生徒の地理的な見方や考え方を働かせながら、資源・エネルギー問題の特徴を理解し、持続可能な社会の実現に向けて資源・エネルギー問題を主体的に解決していこうとする態度を養う内容とした。

（1）エネルギー環境教育としての位置づけ

　エネルギーについての学習は、「地理総合」の「地球的課題と国際協力」に位置づけられる。日本を含め世界各地でみられる資源・エネルギー問題の特徴や国際的な取り組みについて理解し、持続可能な社会の実現を目指すために必要なことを考える内容となっている。エネルギー教育の4つの視点も意識しながら学習をすすめていきたい。本単元におけるエネルギー教育の4つの視点との関わりを以下に示す。

①エネルギーの安定供給の確保

　エネルギー資源小国である日本は、エネルギー資源の自給率が低い。近年は新興国の経済成長に伴い、エネルギー需要も増大している。日本はエネルギー自給率が低い数値でありながらエネルギー消費量は世界の中でも極めて多く、社会を持続させるために必要な量のエネルギーを経済的に見合う価格で安定的に確保していくことが求められている。

②地球温暖化問題とエネルギー問題

　石炭や石油といった化石燃料の大量消費に伴い、二酸化炭素など温室効果ガスの排出量も増えている。温室効果ガスの増大により地球規模で気温が上昇する地球温暖化問題も深刻化している。持続可能な社会づくりの実現に向けて、化石燃料の大量消費についても見直す必要がある。

③多様なエネルギー源とその特徴

　それぞれのエネルギー源にはメリット（長所）とデメリット（短所）があり、限りあるエネルギー資源を効率的に使うためにそれぞれの特徴を生かした使い方が工夫されている。日本だけでなく、世界各地での事例を通じて多様なエネルギー源とその特徴について理解していきたい。

④省エネルギーに向けた取り組み

　持続可能な社会の実現に向けて、エネルギーを無駄なく使って資源を大切にすることが求められている。日本や世界各国の取り組みを理解し、持続可能なエネルギーシステムのあり方について考えていきたい。

（2）実践の目標

　本単元の目標は次の通り、地理の目標を踏まえるとともに、エネルギー環境教育としての視点を盛り込んで設定した。

①知識・技能

・エネルギーの種類と資源利用の変化、国によって異なる電力構成、鉱産資源の利用について理解する。

・エネルギーの生産と消費の不均衡、エネルギー問題の解決に向けての取り組みについて理解する。

②思考力・判断力・表現力

・エネルギーの種類と資源利用の変化、国によって異なる電力構成、鉱産資源の利用について、多面的・多角的に考察し，文章にまとめることができる。

・エネルギーの生産と消費の不均衡、エネルギー問題の解決に向けての取り組みについて、多面的・多角的に考察し、文章にまとめることができる。

③学びに向かう力

・エネルギーの種類と資源利用の変化、国によって異なる電力構成，鉱産資源の利用について、よりよい社会の実現を視野にそこでみられる課題を主体的に追究、解決しようとしている。

・エネルギーの生産と消費の不均衡、エネルギー問題の解決に向けての取り組みについて、よりよい社会の実現を視野にそこでみられる課題を主体的に追究、解決しようとしている。
・持続可能な社会のあり方について、自分なりの考えを持ち、エネルギー問題の解決に向けた具体的な取り組みを考えることができる。

2. 実践の構造

　単元構成（全3時間）は以下の通りである。単元を貫く問いとして、「持続可能なエネルギーシステムを目指して、日本や世界の人々は、資源・エネルギー問題に対してどのような取り組みをしていくべきだろうか」という問いを設定した。

時	学習内容／目標	学習活動・問い
1	「世界のエネルギー・鉱産資源」 ・エネルギーの種類と資源利用が変化してきたことを理解する。 ・国によって電力構成が異なることや発電方法が採用されている背景や発電方法の課題を考える。 ・鉱産資源の種類と利用方法について理解する。	Q. エネルギー資源や鉱産資源には、どのような種類があり、どのように利用されているのだろうか？
2	「エネルギー利用の現状と課題」 ・エネルギー資源の生産と消費の不均衡について理解する。 ・エネルギー問題の解決についての取り組みを理解する。 ・再生可能エネルギーなど、これからのエネルギー利用について、どうあるべきかを考える。	Q. エネルギー利用にはどのような課題があり、どのように解決したらよいのだろうか？
3	「地域で異なる資源・エネルギー問題と取り組み」 ・世界各国で再生可能エネルギーの利用を拡大して、化石燃料への依存を軽減していることを理解する。 ・持続可能なエネルギーシステムを導入している国の事例を調べる。	Q. 各地のエネルギー問題への取り組みには、どのような特徴があるのだろうか？

3. 実践の流れ

（1）世界のエネルギー・鉱産資源（1時間目）

　私たちが日常生活を営むうえで、資源やエネルギーは欠かせない。世界のエネルギー資源や鉱産資源の種類や利用方法について教科書や地図帳を参考にして確認していった。また、学習を通して私たちが生活する中でエネルギーを大量に消費していることを実感するとともに、産業革命以後は都市化や工業化といった人間生活の変化によってエネルギー消費が増加していることを確認した。次に主な国の電力構成割合（発電量の内訳）の資料から、国によって電力構成が異なることや発電方法が採用されている背景や発電方法の課題を考えた。化石燃料が用いられる火力発電は、石炭資源に恵まれたアメリカや中国のほか、日本など多くの国で主流であり、水力発電は大河川があり水資源に恵まれたブラジルやカナダなどの国で多い。原子力発電は石油資源に乏しいフランスや日本などで積極的に導入されてきたが、2011年の福島第一原子力発電所の事故後は見直す動きがみられる。

最後に鉱産資源には金属資源と非金属資源があり、スマートフォンや電気自動車の生産拡大などに伴い、ニッケルやクロム、コバルトなどのレアメタル（希少金属）の需要が大きくなっていることを確認した。

（2）エネルギー利用の現状と課題（2時間目）

エネルギー資源は特定の国に生産地が偏在する一方、日本や欧米などの先進国などで大量に消費されている。教科書や地図帳を参考にして、エネルギー資源の生産と消費の不均衡について確認した。また、NASAが撮影した夜の地球の衛星画像（図1）を利用して、明るくみえる場所（エネルギー資源の消費が多い）と暗い場所の比較を行った。

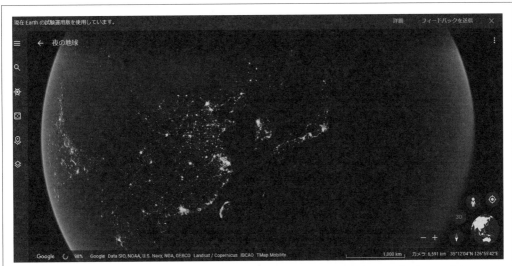

図1　夜の地球 GoogleEarth　NASA が撮影した夜の地球の衛星写真（2016 年）
https://earth.google.com/web/data=CiQSlhlgMGY3ZTJkYzdlOGExMTFINjk5MGQ2ZjgxOGQ2OWE2ZTTc?hl=ja

日本はエネルギー資源に乏しいため、国内消費のほとんどを世界各国からの輸入に依存している。とくに日本の1次エネルギー供給の約4割を占めている石油は、その99.7％を海外からの輸入に依存していて、輸入先では中東地域が8割以上を占めている。洋上を航行してる無数の船の位置情報や行き先などを地図上に表示してみられる「MarineTraffic（ライブ船舶マップ）」（図2）を利用すると、サウジアラビアやUAEなどの中東地域から日本に向かうタンカーの航路や様子を確認することができる。ペルシア湾やマラッカ海峡などがタンカーの航路になっていることが読みとれる。図1や図2といったGISを用いることで、

図2　Marine Traffic
　　　船舶の位置情報を確認することができる
https://www.marinetraffic.com/en/ais/home/
centerx:49.3/centery:8.4/zoom:3

エネルギー資源の偏在や生産と消費の不均衡、輸送に伴う環境負荷などエネルギー利用の課題についてより学習を深めることができた。

化石燃料の燃焼は、二酸化炭素を排出し、地球温暖化につながる。省エネルギーへの関心が高まり、世界中でエネルギー資源の効率化や有効利用の取り組みが行われている。また、太陽光発電や風力発電、地熱発電、バイオマス発電など再生可能エネルギーへの転換が求められるようになり、安定供給に向けたさまざまな取り組みが行われている。日本では、エネルギーのロスを減らす「コジェネレーションシステム」やICTを駆使して電力の需要と供給を細かくコントロールする「スマートグリッド」といったシステムなどが注目されている。持続可能なエネルギーシステムを目指して身近なところではどのような取り組みがなされているのかを調べ、それに関する写真を1枚撮影してくる課題を課した。生徒が作成した課題をいくつか紹介する。

生徒が作成した課題をみてみると、ソーラーパネルなど再生可能エネルギーに関するものを撮影してきたものが多く（資料1、資料3）、省エネルギーの観点で公共交通機関の利用と結び付けて鉄道（京都市営地下鉄）やバス（京都市バス）などを取り上げる生徒も多かった（資料2）。京都ということで琵琶湖疎水を取り上げる生徒もいた。身近なところから、エネルギー問題の解決に向けてさまざまな取り組みがなされていることに気づくことができた。また、後日グループで撮影してきた写真を共有することで、多くの発見があり、学びが深まった。

タイトル 「身近な再生可能エネルギーの利用」
説明：私の近所の家8軒分を歩いて見えたソーラーパネル。少しの距離の間にこんなにも環境を考えている人が多くなってきているのだなと感心した。また、車はハイブリットカー。車を走らせることで電気が作られ、その電気で走ることができる。ソーラーパネルで生み出したり、ガソリン車ではなくハイブリッドカーを使用するなど、再生可能エネルギーを積極的に使うことはSDGs7番の目標に合致する。

資料1　生徒が作成した課題（身近な再生可能エネルギーの利用）

（3）地域で異なる資源・エネルギー問題と取り組み

3時間目は教科書や地図帳を参考に、世界各国で行われているエネルギー問題への取り組みについて学習した。世界各国で再生可能エネルギーの利用を拡大し

タイトル 「京都市営地下鉄」
説明：京都市では年々増加する観光客や地域の人たちがより地下鉄を利用しやすいと感じられるよう行先表示器をフルカラーLEDに変更した。

資料2　生徒が作成した課題（京都市営地下鉄）

て、化石燃料への依存を軽減していることを確認した。また、持続可能なエネルギーシステムを導入している国の事例として、バイオエタノールに力を入れているブラジル、偏西風を利用して洋上風力発電に力を入れているデンマーク、太陽光や風力を利用した発電所が多くあるドイツのフ

タイトル　「発電と利用」
説明：この写真のものは、太陽光発電と風力発電を同時に行うことができるものです。そして日中に発電した電力を使って、夜の間は明かりを照らします。夜の間に使う電力を日中で発電した電力を使うことによって、これだけで需要と供給が成り立ち、とても地球に優しい。

資料3　生徒が作成した課題（発電と利用）

ライブルク市などの取り組みについて、それぞれ特徴をまとめた。再生可能エネルギーは化石燃料とは異なり資源が枯渇せず、しかも、地球温暖化につながる二酸化炭素の排出量が少ない。また、エネルギーを地域で調達することからエネルギー自給率が上がり、地域経済の振興にもつながりやすい。そのため、再生可能エネルギーによる発電量が世界的に増えてきており、世界の電源構成の3割程度を占めていることを確認し、持続可能なエネルギーシステムのあり方について考えた。

4.実践の評価

　今回の実践を通しての成果は大きく2つある。1つ目は、地理総合の授業ということで、地図やGISの活用を授業に多く取り入れたが、GISを活用することでエネルギー資源の偏在や生産と消費の不均衡、輸送に伴う環境負荷などエネルギー利用の課題について、視覚的にとらえやすく、多面的・多角的な視点からより深い理解につなげることができた点である。2時間目に使用したMarine Traffic（図2）では、船の詳細（大きさや写真）も確認することができ、資源がどのように輸入されているのかを身近に感じられたようであった。大量の資源を輸入するだけでさらに多くの環境負荷がかかっていることに気づいた生徒もみられた。2つ目は、持続可能なエネルギーシステムについての取り組みを身近なところから考えることができた点である。生徒の課題や感想からも、意外と身近なところでさまざまな取り組みがなされていることへの気づきがあった。自宅や学校にソーラーパネルが設置されているのを、今回の学習を通じて初めて意識した生徒もいたようであった。

　また、次のような生徒のコメントもあった。「太陽光発電は環境にやさしい発電方法の一つです。私の家も太陽光発電をしています。なんか環境に貢献できているのかと思うとわくわくします・・・（中略）・・・。太陽光発電は、環境にやさしいだけではありません。この前私の家で停電が起こった時にとても太陽光発電は役に立ちました・・・」。身近なところでの取り組みを探させて写真を撮影してもらう活動を通して、生徒はより自分事としてエネルギー問題について考えることができたように思う。

放射線の影響と利用

壷井宏泰（兵庫県立舞子高校）

1.実践の意図と目標

　ロシアのウクライナ侵攻により、日本のエネルギーセキュリティーの脆弱性が改めて浮彫となった。電力不足により節電要請が実施され、不足電力を補うために休止中の原子力発電所の再稼働や革新型軽水炉の新増設を求める声もでてきている。一方、福島第一原子力発電所の事故からの復興はまだ道半ばであり、再稼働には否定的な意見も多い。

　高校生が、放射線の影響と利用について科学的に正しく理解し、自分でエネルギー選択ができるようにすることを目的にして、そのために必要な物理的な知識・理解・思考力の習得を目指して授業を実施した。

単元における実践の評価の内容

知識・技能

・エネルギーにはどのような種類があるか，また、身近なさまざまな事象でどのようなエネルギー変換がなされているかを理解しているか。

・エネルギー資源にはどのようなものがあるか把握し、それらの長所と短所を理解しているか。

・原子力発電に関連して、原子核の構成などを理解しているか。

・身のまわりの放射線量を測定器を用いて測定できるか。また，放射性物質について放射線量を測り、自然放射線量とどの程度異なるかを説明できるか。

思考・判断・表現

・ある事象に対して、どのようなエネルギー変換が行われているかを考察し、説明することができるか。

・再生可能エネルギーと、化石燃料由来のエネルギーとの違いを説明できるか。

・火力、原子力、水力、風力の発電のメリット・デメリットについて説明できるか。

主体的に学習に取り組む態度

・太陽電池などの再生可能エネルギーはどのような原理で電気エネルギーを得ているのかを主体的に考えることができる。

・原子力発電の長所・短所に興味をもち、さまざまな発電方法における共通点や相違点を

探すなど、主体的に取り組むことができるか。

実践の目標

　高等学校の物理基礎ではエネルギー資源と発電の分野で各種発電のしくみを科学的に理解し、放射線の影響と利用についても学習する。生徒が将来、原子力発電の可否について判断する際に必要な放射線について、科学的に定量的に正しく理解することができるようになることを目標とした。

2. 実践の構造

(1) 指導計画

使用教科書	数研出版『物理基礎』		
学習内容	学習のねらい	配当時間	備考
第5編　物理学と社会			
第1章　エネルギーの利用			
1.　エネルギーの移り変わり	エネルギーには力学的エネルギーや熱エネルギー、電気エネルギーのほかにもいろいろな種類のエネルギーがある。ここでは光エネルギー、化学エネルギー、核エネルギーとは何か、またそれらのエネルギーの具体的な利用について学習する。また，あらゆる自然現象におけるエネルギーの変換では、それに関係した全てのエネルギーの和は一定に保たれることを理解する。	1	
2.　エネルギー資源と発電	エネルギー資源には一次エネルギーと二次エネルギーがあること，そして二次エネルギーの一種である電気エネルギーを得るための発電の方法について、そのしくみと特徴を学習する。特に，原子力発電を理解するために必要な知識である原子核、同位体、放射線、核反応、原子炉のしくみなどについて理解する。	1	
(本時)	放射線の実験 ①霧箱の観察と放射線照射樹脂・非照射樹脂の比較実験を通して、放射線の性質と工業利用について理解する。 ②放射線の特性に関する実験装置（距離と放射線量、遮蔽）の実験を通して放射線防御の基礎について理解する。 ③自然放射線の測定を通して、自然界の放射線量について理解し、他の放射線量との比較ができるようにする。	1	実験 放射線の測定

(2) 実践の位置づけの工夫

　最近のニュースを簡単に紹介して、現実の問題であるという意識をもってもらいモチベーションを高める。

・電力不足による節電要請

・電力・ガス・ガソリン価格の上昇

・原子力発電所の再稼働と新増設

(3) 教科横断的な配慮

　地歴公民科の地理総合で各エネルギー資源の輸入国とその割合や、家庭基礎の持続可能な社会の営みや総合的な探究の時間と連携して実施する。

3. 実践の流れ

　クラスを3グループに分けて、①霧箱の観察と放射線照射樹脂・非照射樹脂の比較実験、②放射線の特性に関する実験装置（距離と放射線量、遮蔽）、③自然放射線の測定の3つの実験を12分間のローテーションで実施した。その後、残りの時間を使って各グループが実験結果について発表を行い、意見交換してすることにより理解を深めた。

①霧箱の観察と放射線照射樹脂・非照射樹脂の比較実験

　ケニスの霧箱実験装置を使い、α線、β線の観察を行った。

　霧箱は飛行機雲の原理で放射線の飛跡を見えるようにしたものであり、空気中の水蒸気濃度が高いと、ちりなどをきっかけに水蒸気が凝集して雲ができる。霧箱の中はアルコール濃度が高く維持されており（過飽和状態）、放射線が通ったところに、放射線をきっかけに雲ができる。これらを説明した後、自由に観察してスケッチした。

＜放射線照射樹脂・非照射樹脂の比較実験＞

　放射線照射樹脂と非照射樹脂を60℃のお湯に浸けたときにどのような変化があるかを実験により調べた。

非照射樹脂　　　　　　　　　　照射樹脂
60℃のお湯に浸けたときの変化

引用：若松巧倫（ケニス株式会社）2015 放射線の利用を身近に感じる理科教材の提案－放射線照射樹脂・非照射樹脂の利用－ 日本エネルギー環境教育学会第10回全国大会論文集

②放射線の特性に関する実験装置（距離と放射線量、遮蔽）

＜距離と放射線量の実験＞線量率の高い船底塗料を中心におき、4個の放射線測定器を中心から5cmずつ遠くして配置する。バックグランド（室内の線量率）を差し引いて、結果を考察した。

＜遮へいの実験＞4面の材質が異なるブロックを船底塗料にかぶせ、放射線測定器の中心からの距離を全部5cmにして、材質による遮へい効果を確認した。

③自然放射線の測定

　中庭の池の上と大理石製のトイレの洗面台の上はこちらから指定して測定してもらい、その他は各班で考えた場所で測定した。

 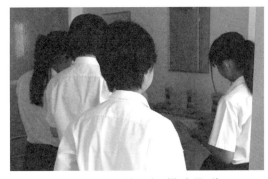

・中庭の池の上（指定場所）　　　　　　・大理石製のトイレの洗面台（指定場所）

・自動販売機の近く（生徒が判断）

4. 実践の評価

実践の成果と課題

　放射線と聞くとイメージだけでとても危険なものと考える生徒が多いが、自然放射線の測定や放射線の工業利用の例について実験を通して体験することにより、放射線について、また放射線防御の基礎についても正しく科学的に理解し、放射線について正しく怖がる必要性があることを理解することができた。

　放射線についての科学的な理解と各種発電のメリット、デメリットについてはある程度理解が深まったと思うので、あとは総合的な探究の時間等を利用して、日本の将来の発電割合について具体的に考えてほしいと思う。

　また、この授業の発展として、興味をもった生徒と一緒に福島県に行き、フレコン置き場、雨どいの下、福島第一原子力発電所前等の放射線データの測定を実施した。用いた機材はギョロガイガーとRadiである。また、その測定結果についてまとめて、それをもとに福島県の高校生徒と意見交換会を実施した。

①フレコン置き場（ギョロガイガーと Radi）

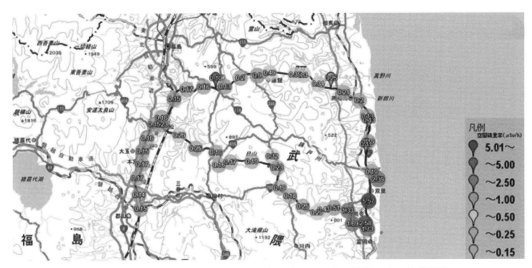

② （2017年6月19日　ギョロガイガーにて車で移動しながら測定）

　福島県での測定結果から得られた特徴的なデータ
・飯舘村では最大2μSv/h程度
・地表付近では高い値
・除染されていないと思われる場所は高い値
・国道6号線の第一原発前で8μSv/h程度
・中通りの郡山や二本松では0.1μSv/h程度

　実際に福島県に行って測定し、福島県の高校生と交流することによってかなり理解が深まった。今後も測定交流を継続していきたいと考えている。

　課題としてはこのような実践を継続的に実施するためには、資金面が問題となる。今回は生徒2名分の予算を何とか捻出したが、今後は自己負担や何らかの資金援助を得る必要がある。

地層処分をテーマに新しい技術の社会実装を考えられる人材の育成

冨ヶ原健介（鹿児島県立霧島高等学校）

1. 実践の意図と目標

　本実践は、高等学校学習指導要領「総合的な探求の時間」を想定したものである。その目標には、「横断的・総合的な学習を行うことを通して、自己の在り方生き方を考えながら、よりよく課題を発見し解決するための資質・能力を次のとおり育成することを目指す。」とある。続けて、「実社会や実生活と自己との関わりから問いを見いだし、自分で課題を立て、情報を集め、整理・分析して、まとめ・表現することができるようにする。」とある。

　私が出会った生徒の多くは、原子力発電の利用に伴って発生する使用済み燃料の存在を知らないか考えたことがない。今後、超長期にわたって課題となるこの社会問題は、限られた科学技術の知識の中で、どのように理解し行動するかを社会に出る前の高校生に考えさせるのに十分に現実的課題であると思い続けてきた。この題材を取り扱うことによって感情や科学技術の不確かさを越えて、問題の解決が難しい理由はどこにあるかと自らが思考を深めたり、意見や意思を示したりする「思考力・判断力・表現力」の育成を図ることが期待できる。核分裂や原子炉の構造について学習をする機会はあるものの、地層・地質、放射線や原子力発電利用の経緯などの幅広い「知識・技能」を求めようとし、議論や他者の考えを知ることを通して自らの思考を問うことでさらに「学びに向かう力、人間性等」について深めることを期待する。

　放射性廃棄物地層処分問題の存在を生徒に知ってもらうこと「知識」から始まり、合意形成が進み国内での処分地が決まることが現役世代の解決とするならば、次世代層にどのような働きかけが有効かをこれまでの実践を振り返ることで考えたい。18歳選挙権が実現され、高校生の社会意思決定への参画が意識されるとき、その姿勢を限られた時間で養うための教材を準備し、多面的な問いを教員または生徒自身が設定し、その結果を生徒に示したり相互に問うたりするところから更なる「思考・判断」を促す。確かな知識や情報の積み重ねは重要であるが、配慮したいのが自らの理論の正しさを主張することや相手への反論だけではなく、互いの相違を埋める思考過程への働きかけ「学びに向かう力」を意図することである。

　「『確かな学力』」とは、知識や技能はもちろんのこと、これに加えて、学ぶ意欲や自分で

課題を見付け、自ら学び、主体的に判断し、行動し、よりよく問題解決する資質や能力等まで含めたもの（文部科学省）」とあるが、地層処分問題は既知の科学技術に加え、社会学、政治学、倫理学、心理学など広範な「知識」やこれらを背景としたコミュニケーション能力の「技能」を必要とし、すべての国民が利害関係者となる可能性があることから、各自が自らの責任に基づいて情報を手にし、「判断」することが求められることになる。また、科学のもつ不確かさに不安をもち続けたり現段階で社会実装が難しい技術への期待を持ち続けたりすることと、議論が低調で意思決定が行われずに現状のまま次世代に積み残されることは問題の先送りと考えなくてもよいだろうか。現役世代の教員が次世代を担う生徒と議論を進める中で、問いを投げかける実践を継続している。

2. 実践の構造

　初期の頃の実践では、国内のエネルギー利用の推移に加えて、理科や工業の科目にある原子力発電所の構造、核分裂や放射線の種類や影響などの知識に触れてから、地層処分問題の提起と短時間の話し合いと発表の時間で構成していた。

　やがて、限られた時間でできるだけ思考を促す手法を取り入れることを意識した。生徒間の議論と自らの判断に対する思考過程に時間を割く必要を感じるようになった。自らの判断に疑問を持つ生徒が自ら科学的な知識や根拠を求めることを期待することとした。発表や意思表示の時間もアンケート形式にして結果をまとめたものを生徒に示して、数字から読み取られる全体としての意向とそこから生まれる次の問いを投げかける形へと変化していった。事後のアンケートでも地層処分問題を授業で扱うことの必要性に強い肯定の結果を得ている。

　公民の「公共」には、公共的な空間を作る私たちと公共的な空間における人間としての在り方・生き方の単元や思考を促す具体的な社会的課題への問いが示されている。先人の思想や知恵を学ぶことに加えて、自他の判断の結果とその理由を知る時間や思考を深める仕掛けを組み込みたい。

○指導と評価の計画　　この実践は、2021年12月と翌月に4時間で行った。

時間	ねらい・学習活動	知	思	態	備考
1限 10分	科学的な内容を含む身近な題材を考える （1）身近なテーマで「コロナ感染症を考える」と題して、3つの視点に分け①知識・事実　②意見・感想　③疑問を付箋に書く。				できるだけ多くの事項を書こうとする態度 記載内容を領域に分けて適切に貼る 他者を知る
5分	（2）書いたことを政治・経済、科学、生活の3つの領域に分けて黒板上のパネルに貼る。		○		
3分	記載事項を全体に紹介、確認。	○		○	日常の私たちの行動が
8分	（3）「私が感染しないための行動」と「地域の感染者数を増やさないための行動」についてグループでの話し合い付箋に書く。		○	○	感染症の拡大や終息にどのような影響を与えているかを考える

時間	学習活動	知	思	態	ねらい・備考
3分	(4) 書いたことを縦軸に私か社会（地域）、横軸に安全・安心か危険・不安のマトリックスに分けて黒板上のパネルに貼る。		〇		
3分	記載事項を全体に紹介、確認。	〇		〇	自他の考えを認識した後で改めて自身がどのように判断しているかを問う
13分	(5) コロナ感染症にどう対応するべきかを考えるための9つの質問への回答とこの授業の感想を記入。		〇	〇	
5分	(6) まとめと次回の予告。				
2限	正確な情報と身近な他者から学ぶ				
15分	(7) 前時の9つの質問の結果と感想を紹介。			〇	他者の意見を知る。生徒間の対極的な視点を指摘し、問いかける
10分	(8) 前時の付箋の記載事項と質問の結果を示し比較することで、対極的な意見を問う。	〇	〇		
15分	(9) ここまでの結果を受けて、新たな9つの質問とオリンピック開催の感情の理由、3つの領域から考えたことを記入。		〇		
10分	(10) 次回の放射性廃棄物処分の予告。				
3限	地層処分地、誰が決めるか				
10分	(11) 前時の (9) の結果と意見を紹介。		〇	〇	3つの視点、3つの領域を復習する
30分	(12) 『誰がなぜゲーム』で考える地層処分問題。詳細は後述。	〇	〇	〇	
10分	(13) A町の住民、国民の立場からどのように考えるかの質問、難しくしているのはなぜか、授業の感想を記入。		〇		他者の考えと相反する意見を問う
4限	みんなが考えたことから未来を見る				
35分	(14) 前時の (12) と (13) の結果と意見を紹介。		〇	〇	同じ授業の中から異なる視点が多数ある
15分	(15) 知見を活かす。　ワークシートの記入。	〇	〇	〇	

知：知識・技能　　　思：思考力・判断力・表現力　　　態：学びに向かう力

3. 実践の流れ

　上記のねらい・学習活動の3限 (11) から一部を紹介すると、「外出を自粛する「不要不急」について法律などで決めた方がよい。」に対して、思う15、思わない18、わからない4であった。「医療や生活に欠かせない仕事のみを認めるロックダウンがよい。」に対して、思う16、思わない11、わからない10であった。つまり、強制力を持って感染を抑えたいと考える生徒が一定数いることになる。一方で、「ワクチンを受けるかどうかは個人の判断でよい。」に対して、思う25、思わない11、わからない1であった。付箋には、「ワクチンの効果は本当にあるのか。」とあり、強制されることには否定的である。そこで、「家族が救急車で運ばれたとして、コロナ患者の満床で治療を受けられなくてもそれを受け入れるしかない。」に対して、思う12、思わない13、わからない12であった。このことは、個人が受けるかもしれない不利益を防ぐために、社会に対して行動を強制する判断の難しさを生徒に問うている。教員は、「科学でわかっていることと個人の判断が異なることがある。全てが明らかになるわけではない。」と説明をしている。

　また、意思決定に関して、「オリンピック開催をIOC、JOC、東京都が決めることで問

題ない。」に対して、思う16、思わない13、わからない8で、「オリンピックを開催してよかった。」に対して、思う20、思わない4、わからない1であった。教員は、世界やいくつかの国の感染者数の変化を示して、「日本国民、選手、大会主催者によって立場が異なる。誰が決めるべきか？」と問うている。生徒は、オリンピック開催は国内ではコロナが大流行していたときなのに「よかった」20名、「思わない」4名なのはなぜでしょう？の問いに、選手の立場や選手の活躍による感動の記載が多く、経済効果を上げる生徒もいた。

　これらのことに触れた後に、社会が意思決定を行うことで利益者と不利益者が生まれるとき、意思決定の正当性を考える「誰がなぜゲーム」（野波寛の研究室）に基づく学校向け教材である「『誰がなぜゲーム』で考える地層処分問題」（琉球大学　濱田栄作ら）を活用した。グループで地層処分場の候補地のA町の住民、専門家、多くの国民、政府の4つのアクターに分かれて、それぞれの立場から処分地決定の優先順位を決め、最後にグループとしての順位を話し合いで決めるゲームである。本来は、中学生が50分の授業で行うことを想定されたものであるが、30分で生徒に体験をしてもらった。その後、いくつかの質問に回答をしてもらう時間を設定した。

　4限（14）から一部を紹介する。4つのグループとも4位は多くの国民であった。3つのグループが1位をA町の住民にした。このような結果については、マキシミン原理が考えられる。「A町の住民として」と「多くの国民として」の回答結果を表1および表2に示す。

　「A町の住民として」の場合は、「町民である私」の感情、誰が決めるか、同意できるかあるいは同意でよいか、何を判断の材料とするかと問いを残した。「多くの国民として」の場合は、国民の関心はあるか、費用を誰が負担するか、受け入れた町になにができるか、世代間に不公平はないかと問いを残した。「問題を難しくしているのはなぜでしょう。」には、「どこの地域でも引き受ける可能性は低く、原発事故の事例があるからなお引き受ける場所がない。」の回答があった。

　（15）ではこれまでの授業をワークシートに記入し授業の感想を自由記述で行った。記述から関心の高まりは見られるが、思考の深まりや論理性の高まりを感じられるものは多くはない。一人の生徒は、A町の住民として、「他人に決めてもらうだけでなく、自分たちが主体となって考えたいと思っていることがわかった。専門家や政府はあくまでも補助という立ち位置にして深く考えられている。」多くの国民として、「自分たちのことではないのであまり関心がなく、全体からの視点でよりよい方向にいけばいいと思っている。もし自分達の町であれば意見が逆になる人が多いだろうと思う。処分は他でやればいいと考える思考が強いと思う。自分で考えて他人にはあまり頼らずに一人一人が考えて行動し発言することが大切だと思う。」と、記している。

表1　A町の住民としての回答

質問…あなたはA町の住民として	とてもそう思う	ややそう思う	あまりそう思わない	全くそう思わない	わからない
引き受けるべきだ	10	6	10	6	5
引き受けられない	8	7	12	2	8
意見が分かれる中でも決まったことに従う	6	19	8	1	2
市町村長が決めるべきだ	3	7	18	8	0
市町村議会で決めるべきだ	10	13	9	4	1
引き受ける場合，交付金は必要だ	23	11	1	0	2
地質などの安全性が高ければ引き受ける	11	18	6	0	2
若い世代の意見をより尊重すべきだ	9	16	8	1	3
町民全員の合意が必要だ	18	6	9	3	0
町民の過半数が合意すれば引き受けてもよい	3	19	9	3	3
専門家の意見を参考にしたい	11	16	8	0	2
政府の考えを参考にしたい	3	13	13	6	2

表2　多くの国民としての回答

質問…あなたは多くの国民として	とてもそう思う	ややそう思う	あまりそう思わない	全くそう思わない	わからない
この問題には関心がある	10	15	6	4	2
自分の地域でなければ現在のままでよい	5	9	12	7	4
原発の賛否に関わらずどこかが引き受けるべきだ	10	8	10	2	6
多くの国民が関心を持つべきだ	16	14	5	2	0
処分地を決めた方がよい	17	16	2	0	2
このまま決まらなくても仕方がない	2	10	20	2	3
国外に持っていった方がよい	3	6	14	9	5
費用がいくらかかっても仕方がない	3	18	9	4	3
費用は国民（税金）で負担するのがよい	0	14	14	5	3
費用は電気代から負担するのがよい	1	9	13	6	8
引き受けてくれた町には多くの交付金を出した方がよい	18	15	4	0	0
処分しないことは未来の世代によくない	12	17	4	2	2

4. 実践の評価

　限られた時間や生徒の実情に応じてどのような働きかけをすることが、建設的な議論と思考、学びに向かう力を進展させることにつながるかと自問自答しながら毎年実践を重ねている。生徒はそれぞれ自分の信条に従って、グループでの議論を行ったり、質問への回答を行っているように見受けられる。「政治について考えた」、「まだまだ勉強不足だ」、「おもしろい授業だった」との記載から、ゲームを通して一定の当事者意識をもって考えることができたと思う。

　今後は、「放射線の影響を知りたい」とか「地下の安定性が知りたい」などの科学的な疑問や「処分費用の出所」とか「2町村の現状」への疑問などが生徒に生まれる問いをど

のように立てるか検討を行いたい。また、「町民の合意」とは誰のまたは過半数か全員なのかを考える。国民の立場では、交付金を出して処分地を決めた方がいいと考える割合が高いものの、その処分地は国外ではないようだ。その境界の妥当性はどこにあるのか、が考えられる。

　自らの職業と消費者としてのステークホルダーの立場が異なることを考えさせることには意味があると考えている。この授業を入口として、社会に出た後に多様な社会問題に国民としてあるいは直接の利害が及ぶ当事者としてどのように考えればよいのかを示すところまで実践が深まっていない。研究や文献を通して生徒に紹介できる知見を積み上げる必要を感じている。

　3.11以後に読んだ小林傳司の「トランス・サイエンスの時代」（2007）で、BSE問題に関して「科学が明らかにできても市民パネルは納得できなかった」ことを受けて、科学や技術、放射線教育が深まることがこの問題の進展につながる考えには結びつかなかった。授業実践が限られた時間の中で行われる中、私の場合は「考える力」を社会学や心理学の面からこの問題をとおして生徒に問いかける方が伝わりやすいのではないかと思うようになった。今後は、地層処分に係る社会的側面に関する研究支援事業Ⅱ（NUMO）の「地層処分施設のための段階的・協調的アプローチの実践にむけた実証的研究：国民的議論の公正な進め方」（研究代表者:野波寛）に示されている「将来世代を含む多様な当事者の公平化（「地元住民の最優先が当然」という判断の変容）」や「道徳価値にもとづく無意識的判断の意識化（「自分の判断は直観的だ」という気づき）」を実践に埋め込む必要を考えている。

　国民的議論の公正な進め方で、毎年生徒の反応や感想は同様のものとなるが、これまでの感想や回答から論点を整理して相反する文言や数字を示して、生徒への問いかけを繰り返すことで、「考える力」の育成につながるのではないかと思い近年は実践の積み上げを行っている。紹介した生徒の記述の「自分で考えて」をより多くの生徒に広げ深められることで、それぞれの生徒が科学技術への関心をもったり、風評被害、同調圧力や大衆迎合に疑問を感じたりすることで、地層処分問題以外の社会的課題を考えるようになることを期待している。また、紹介した生徒のどのような経験や学習がこの考えに至ったのか明らかにしていくことが私への課題となる。

　新しい技術が生まれ社会に便利さや恩恵がもたらされることが期待される一方で、その利用が負の側面または一定のリスクを伴うとき、その技術の社会実装を受け入れることができるか、その意思決定を地球に住むひとりとして考えられる人材の育成が更に求められる。

ニュース報道より
エネルギー供給問題を考察する

坪内善男（京都市立伏見工業高等学校定時制、前任校の京都工学院高校での実践）

1. 実践の意図と目標

　2020年秋の台風で、千葉県で発生した送電線事故の報道では『台風により（千葉県内の）送電線が切れて、某地域（主に首都圏）数万件が停電した。しかし数時間後に復旧した。』と報道された。その締めくくりにコメンテーターより、『台風で送電線が切れたから、大都市は停電になった。エネルギーの地産地消のために、原発より再生可能エネルギーを導入すべき。』という発言があり、そこに焦点を当てて生徒に授業展開を試みた。

　今回はエネルギー環境教育の４つの視点より「多様なエネルギー源とその特徴」を踏まえて送電系統の保護・保安を学習する。教科書では技術的な内容を学ぶが、電気技術者の具体的な実態まで学べない。筆者はエネルギー環境教育関西ワークショップで特に電力会社の方より貴重な声も教材として取り上げた。**本実践の目標は「電気の専門知識や技術者の心得を基に、報道より冷静かつ良識的に考察を深める。」**である。

　知識・技術　送電線は電気法規上、風速40（m/s）まで耐えられる様に設計・施工されていることを理解する。通常の台風は風速20（m/s）台が多いことを理解する。

　思考・判断・表現　これまで学んだ電力技術の発電及び送電の知識・技術を学んだ内容を踏まえてニュース報道を、現実に照らし合わせて考察する。トータルに各発電の運用の在り方を考察する。

　学びに向かう力　班ごとの活動で、賛成・反対側の意見などをまとめた上で、個人の考えや感想を提出する。将来の電気技術者として万一の事故においても、素早く活動するという態度を身につける。

　注意として、コメンテーター自身を揶揄することは避ける。

2. 実践の構造

　本時の実践は以下のような指導計画である。

電力技術1　第4章　電力系統の保護・保安

時間	ねらい・学習活動	知識・技術	思考・判断・表現	主体的に学習に取り組む態度
1	変電所の役割を理解する	変電所の役割や種類、主要設備について理解する。	構成図より全体を鳥瞰し、設備・機器の機能を考察する。	
2	電力開閉装置を理解する	電路の開閉に、事故時に自動で開く装置と定期点検で電気を落として開く装置の2つを理解する。	事故時にはアークが発生し、それを消すための色々な遮断器の機能を考える。	
3	中性点接地と誘導障害を理解する	事故時にアークが発生し、異常電圧が発生する。保護の為に中性点接地をすること理解する。	直接接地・抵抗接地・リアクトル接地の種類と違いがわかる。誘導障害対策の必要性を考察する。	
4	保護対策を理解する	事故時に自動で開くために保護継電器が必要。異常電圧に避雷器が必要であること理解する。	送電系統全体の絶縁協調の必要性を考察する。	
5・6	ニュース報道よりエネルギー供給問題を考察する	電気技術者の事故時現実の対応を学び理解する。	発電・送電・電気の保安トータルで事故時の対応や今後の電力供給問題を考え表現する。	将来の電気技術者として事故にも対応できる態度をもつ

3. 実践の流れ

|1時間目（5時間目）|

導入　学んだ知識を応用しニュース報道により，現実に照らし合わせて考察する。送電線は電気法規上、風速40（m/s）まで耐えられるように設計・施工されることを復習し確認をした。『**台風で送電線が切れたから、大都市は停電になった。エネルギーの地産地消のために、原発より再生可能エネルギーを導入すべき。**』の発言が適切であるかについてグループ討議を行うことを伝えた。台風情報が出たら、技術者は万一に備えて待機命令が出る。出動指令を受けられるように携帯電話を常に所持している。『**携帯電話を離すのは、湯船に入っているときだけ。**』だそうだ。現場では、隣の電力会社管内でも協力し復旧するようにしていることを知らせた。

展開　グループ討議を行い各班で話し合いを行う。他の意見が自分自身の考えと異なっても、決して否定せず受け入れて考察を進めるように指導した。注意として、コメンテーター自身を揶揄することは避けるようにした。

まとめ　各班の内容を発表した。さらに個人で考察した報告書を書いて提出した。各個人の報告書の集計結果を、次回の授業で知らせることを伝えた。

2時間目（6時間目）

導入 個人の報告書の集計結果を生徒に伝えた。それを図1に示す。

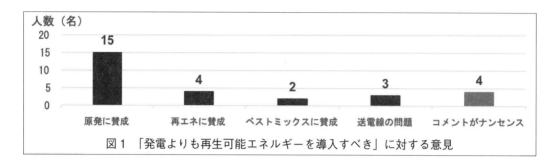

図1 「発電よりも再生可能エネルギーを導入すべき」に対する意見

　この時間はコメンテーターの発言をさらに三分割して、その発言が適切であるかについてグループ討議を再度行うことを伝えた。

問① 台風で（千葉県の）送電線が切れたから大都市（主に首都圏）は停電になった。

問② エネルギーの地産地消のために、

問③ 原発より再生可能エネルギーを導入すべき。

　より深い考察のために、以下の図2から図9までの内容を確認した。

　問①の解説として主要な送電線図を図2に示す。問②の解説として図3で送配電線網全体の中で、再エネの賄う範囲を赤く囲んで示す。

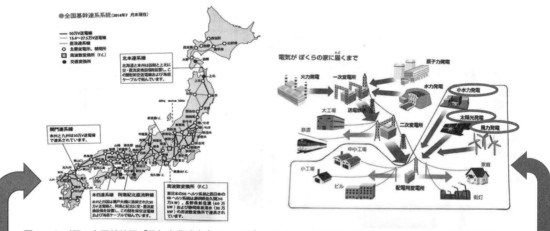

図2　わが国の主要幹線図「電気事業連合会HPより」　図3　電力の発生から消費までの流れ「日新電機HPより」

> エネルギーの地産地消を特に再生可能エネルギーで考えるのならば、
> 図3により、ある特定のローカル地域では可能であるが、
> 図2のように主要幹線全体で考えると、電圧の大きさより無理が生じる。

　さらに③の解説として、再エネの出力の現実を定格値と比較して図4、図5に示す。

　定格とは機器（ここでは太陽光発電・風力発電）の使用条件の限度を表した数値で、再生可能エネルギーは現実的に定格値を超えることはほとんどない。

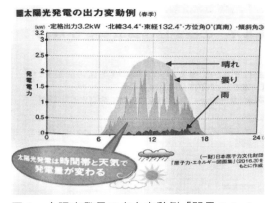

図4　太陽光発電の出力変動例「関電エルメッセージより」

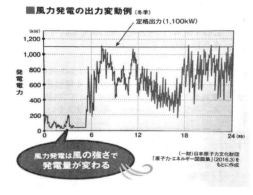

図5　風力発電の出力変動例「関電エルメセージより」

　図6、図7に、太陽光・風力発電の不安定な出力を示す。その不安定なところを火力発電がバックアップする。

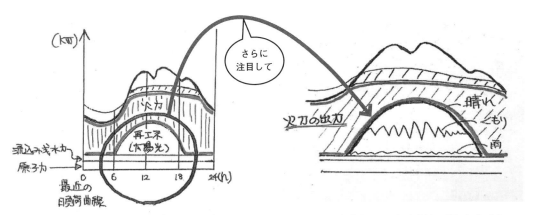

図6　現在の日負荷曲線「筆者作成」　　　　図7　火力発電の出力制御「筆者作成」

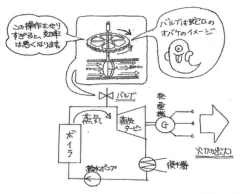

図8　火力発電所の出力（発電量）の制御「筆者作成」

　天候に合わせて、火力発電の発電量（出力）を上げたり下げたりする。そのために、バルブを開け閉めして蒸気量を制御して、発電量を制御する。それを図8に示す。

100万kwに必要な、各発電の燃料を比較すると図9のようになる。また原子力発電と再生可能エネルギーのエネルギー密度の比較を図10に示す。

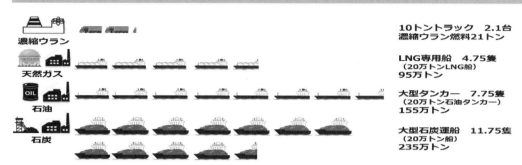

図9　原子力発電と他の発電との比較　「経済産業省資源エネルギー庁HPより」

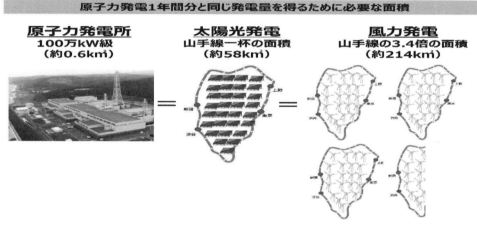

図10　原子力発電と再生可能エネルギーとのエネルギー密度の比較　「経済産業省資源エネルギー庁HPより」

　問①から問③の解説のために図2から図10までの内容を確認して指導した。

展開　前回と同様にグループ討議を行い各班で話し合いを行う。他人の意見が、自分自身の考えと異なっても、否定せず受け入れて考察を進めるよう指導する。注意として、コメンテーター自身を揶揄することは避ける。

まとめ　各班の内容を発表した。さらに個人の考察した報告書を書いて提出した。各個人の報告書の集計結果を、次回の授業で知らせることを伝えた。

4.実践の評価

　2回目の報告書の結果を図11から図13に示し、実践の評価を述べる。

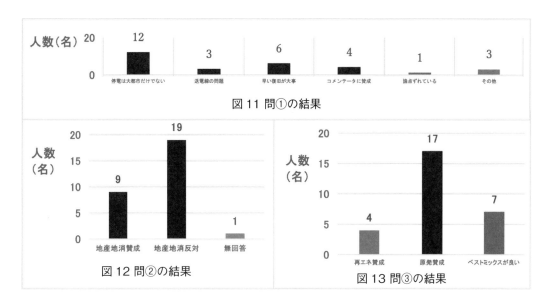

図11　問①の結果

図12　問②の結果

図13　問③の結果

　この結果は、次の授業の冒頭で発表することを生徒に知らせた。

　29名の生徒の1回目のグループ討議では、エネルギーの地産地消や再生可能エネルギー導入が必要なことも一定理解はしていたが、2回目の討議では図2から図10で示したようにエネルギーの現実問題として「〜すべき。」とすぐに実行には移しにくいことを話し合っていた。

　最初の報告は図1より原発に賛成15名、ベストミックスに賛成2名だったが、2回目になると原発に賛成17名、ベストミックスに賛成7名と増えた。

　エネルギー環境教育の4つの視点より「多様なエネルギー源とその特徴」より、ベストミックスを考えた生徒は1回目2名で、2回目には生徒数7名に増えた。従ってこれらの結果より本実践で取り組んだ効果があったと考える。

　さらに2回の報告書の中で3名は変わらずに「送電線の問題」と、冷静に問題を見つめていたと評価したい。なかには、「農作物とちがいエネルギーに地産地消は無理がある。」「台風で送電線が切れたのが問題で、なぜ発電設備を変える必要があるのか?」のような意見もあった。

　振り返ると、図4から図10までの内容に関しては教科書には記述されていない。また台風情報が出た時の電気技術者の行動は直接筆者が耳にした貴重な内容であった。この様に最近の電力問題を絡めて授業展開が必要不可欠であったため、特にエネルギー環境教育関西ワークショップでの勉強が大いに役立った。

＜参考資料＞
電気事業連合会　HP
日新電機　HP
関電エルメッセージ　関西電力
経済産業省資源エネルギー庁　HP

特別支援学校高等部における エネルギー環境教育
～兵庫県内特別支援学校の社会科授業の実践から～

山本照久（加古川市立加古川中学校）／実践者：大西亜由美（同校）

1. 実践の意図と目標

平成31年2月告示の特別支援学校高等部学習指導要領では、社会に開かれた教育課程の実現に向け、自立と社会参加に向けた教育の充実が求められている。生涯学習への意欲を高めることや、生涯を通じてスポーツや文化芸術に親しみ、豊かな生活を営むことができるよう配慮することを規定し、日常生活に必要な国語や数学の学習を生活でいかすこと、身近な生活に関する制度、働くことの意義、消費生活と環境など、知的障害者である生徒のための各教科の内容を充実することとなった。

その中で、社会科の目標の一つとして、「社会的事象の特色や相互の関連、意味を多角的に考える力、自分の生活と結び付けて考える力、社会への関わり方を選択・判断する力、考えたことや選択・判断したことを適切に表現する力を養う」と掲げられた。

そこで、特別支援学校高等部における社会に開かれた教育課程の一つの試みとして、また、社会科の目標を実現するための最適な題材ではないかと考え、生徒の身近にあるエネルギーを取り上げ、将来の社会生活に役立つ社会科授業を実践した。

なお、本実践は、エネルギー環境教育の4つの視点のうち、「多様なエネルギー源とその特徴」を中心に行ったが、「地球温暖化問題とエネルギー問題」も取り扱っている。

2. 実践の構造

社会的事象として、日常生活に欠かせない電力の国内事情を取り上げ、将来のエネルギーについて考えさせる「エネルギー」という全8時間の単元を設けた。

時	学習テーマ	主な活動
1	生活の中にあるさまざまな形態のエネルギーの存在に気付く	・昔のくらしと今のくらしを比較する。 ・風車を回したり、手をこすったりするなど簡単な実験をする。 ・エネルギーは「仕事をする力」であることを確かめる。

2	さまざまな発電方法があることを知る	・5つの発電方法（太陽光・火力・水力・風力・原子力）を確かめる。 ・理科で学習した発電のしくみについて復習し、関連する動画を視聴する。 ・学校の太陽光発電モニターを見学する。 ・光電池を使った実験をする。
3	太陽光・火力・水力発電の特徴を知る	・太陽光発電の特徴を、前時の実験をもとにまとめる。 ・火力発電模型を使った動画を視聴する。 ・水力発電のしくみを確認し実験を行う。
4	風力・原子力発電の特徴を知る	・風力発電のしくみを確認し実験を行う。 ・原子力発電のしくみの動画を視聴する。 ・年間発電電力量の経年変化を読み取る。 ・福島原子力発電所事故の動画を視聴する。
5	放射線について知る	・ウランと放射線について確かめる。 ・放射線測定器を使った遮蔽実験を行い、校内の何か所かの放射線量を測定する。 ・校内の放射線測定から疑問に感じたことを発表する。
6	原子力発電のゴミの処分について考える	・地層処分に関する動画を視聴する。 ・人工バリアのしくみを知り、ベントナイトの実験を行う。 ・今後、日本は地層処分をどう進めるべきか考え発表する。
7	地球温暖化について考える	・世界ではさまざまな環境問題が起こっていることを確かめる。 ・地球温暖化について、そのしくみと影響、その対策を確かめる。
8	エネルギーミックスを考える	・本単元を振り返る。 ・エネルギーミックスを行うことで、電気を安定して家庭に届けていることに気付く。 ・ゲームを通して、エネルギーミックスを疑似体験する。

3. 実践の流れ

(1) 生活の中にあるさまざまな形態のエネルギーの存在に気付く

　生徒は、エネルギーという言葉は聞いたことがあっても、漠然としたイメージしかなかった。そこで、まず、昔と今のくらしを比較し、昔と比べ今が便利で快適であり、その要因がガスや電気というエネルギーであると気付いた。

　その後、風車を回したり、手をこすったりするなどの簡単な実験をすることで、自分の身近にエネルギーがあることを実感できた。

　本時は、エネルギー学習のスタートであり、概念形成でつまずくことがないようにと留意した。生徒は概念的なことの理解が特に難しいが、小学生向け副教材「かがやけ！みんなのエネルギー」（以下、副教材）の内容が簡単でわかりやすく、生徒が抵抗なく理解するのに役立った。

(2) さまざまな発電方法があることを知る

　5つの発電方法（太陽光・火力・水力・風力・原子力）を最低限知っておいてほしいと伝え、一つひとつ丁寧に学習していくこととした。

　最初に、理科で学習した発電のしくみについて復習し、続いて、学校に設置されている太陽光発電モニターで1年間の月別発電量を見ることで、発電量の多い月が夏だと知り、季節が発電量に影響していることに気付いた。

　そのうえで、「光エネルギー」が「電気エネルギー」に変わっていくことを体感するため、光電池の実験キットを使って、豆電球をつけたり電子音を鳴らしたりした。生徒は楽しみながら学習することができ、太陽の当たり具合でメロディが変化することにも気付き、角度を調整する姿も見られた。

(3) 太陽光・火力・水力発電の特徴を知る

　最初に太陽光発電の特徴を、前時の実験をもとに確認した。

　次に、副教材で火力発電のしくみを確認し、やけどなどの危険を回避するため、実験にかえて映像での学習にした。3分程度の動画で、火力発電模型を使ってしくみを説明しており、生徒にとって分かりやすかった。その後、火力発電の長所と短所を発表し、その特徴をまとめた。

　さらに、副教材で水力発電のしくみを確認し、右図の実験を行った。水を注入する際、容器の先が羽根に接触し、うまく羽根が回らない状況に苦労しながら実験していたが、慣れると豆電球の光具合を見て、プロペラを一定の速度で回転させていた。水圧を調整し一定量の水を流さないと安定して豆電球が点かないことを体感した。

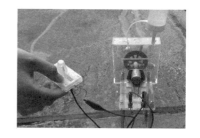

(4) 風力・原子力発電の特徴を知る

　副教材を使って、風力発電のしくみを知り、右図の実験を行い、安定的に風を送らないとメロディが不安定になることを体感した。次に、風力発電の特徴をまとめた。

　続いて、動画を視聴し、副教材をもとに原子力発電の長所と短所を確認した。その際、福島第一原子力発電所（以下、福島発電所）の事故により、原子力発電は危険なものというイメージが強いうえに、放射線などを正しく理解する

必要があるので、特に丁寧に取り扱った。

　年間発電電力量の経年変化グラフから、2011年に原子力発電の発電電力量が大幅に減っているのは、東日本大震災による福島発電所事故が原因であることにと気付かせ、事故を再現した動画を、生徒の様子を十分に注視しながら視聴した。この瞬間、教室の空気がガラッと変わり、事故の現場で何が起きていたのかを心で感じることができた。

　その後、事故後の状況や現在の原子力発電所の運転状況と福島発電所の廃炉状況について、授業者が、福島発電所を事前に視察した経験も交えながら生徒に伝えた。福島発電所周辺では、放射性物質が残っているため、未だ多くの住民が家に戻ることができないことを知らせ、放射性物質とは何だろうと投げかけ、次時へつないだ。

(5) 放射線について知る

　原子力発電環境整備機構（以下、NUMO）の職員を招き、本時と次時の2時間連続で授業を行った。原則、社会科的要素は授業者が、理科的要素はNUMO職員が行う形で、授業者主導で授業に取り組んだ。

　「ウランが見たいですか。」との問いに対し、生徒は「見たくない」と答えた。単純にウランは怖いものとの考えがあったようだ。その後、ウランが含まれるコップを見せ、微量の放射線は人体に害のないことをNUMO職員が説明し、ようやく安心しコップに触れることができた。

　続いて、授業者が、放射能・放射線・放射性物質について説明し、「放射線は、しっかり管理していたら安全に利用することができる。」と伝えた後、NUMO職員が、右図の放射線測定器を使った遮蔽実験を行った。

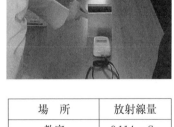

　その後、生徒が放射線測定器で校内のいろいろな場所の放射線量を測定した。その結果が、右表である。これらの結果をもとに、疑問点をNUMO職員にいくつか尋ねた。「赤い石の上にずっと座っていて大丈夫か」との問いに、「単位はμSvということは」と切り返すと、生徒が「ミリの千分の一」と答え、微量と理解していると分かった。

場　所	放射線量
教室	0.114 μSv
土	0.127 μSv
枯れ草	0.142 μSv
車のタイヤ	0.089 μSv
玄関前の赤い石	0.203 μSv
アスファルト	0.107 μSv

　この授業を通して、放射線量を数値で視覚的に確認できたことで、放射線は危険なものというイメージから、身近にあり遮蔽すれば安全なものだと分かったようだ。

(6) 原子力発電のゴミの処分について考える

　最初に、福島発電所事故による除染の話の中で、原子力発電所では、放射性物質を含んだいくつかの種類のゴミが発生することを伝え、動画で地層処分の概要をつかんだ。

次に、授業者が人工バリアのしくみを説明し、NUMO職員の補足を聞いた後、右図のベントナイトの実験を行った。サラサラだった砂が、水分を含むと固くなり水が落ちないとわかった時は、どの生徒も驚きの表情を浮かべていた。

その後、NUMO職員から、現在日本には2500本のガラス固化体があり、国際ルール上、必ず日本で処分しないといけないと説明があった。授業者から、今後、日本はどうすべきかと尋ねると、「人のあまり住んでいない土地で処分する。」という意見が出た。それを受け、どこが良いかを含め、必ず決めないといけないことなので、しっかり考えてほしいと伝え授業を終えた。

(7) 地球温暖化について考える

世界ではさまざまな環境問題が起こっていること、中でも、エネルギーと関わりの強い地球温暖化について、そのしくみと影響、その対策を、副教材を活用して学習した。

地球温暖化は、世界全体で取り組む必要がある大きな環境問題だが、まずは、省エネなどの自分ができることを進んでやることが大事だと気付いた。本時は、体験させる場面がなかったため、これまでの授業と少し反応が違った。また、地球温暖化とその他の環境問題について、整理する時間がなかったため、間違った認識をしていないかが心配される。

(8) エネルギーミックスを考える

これまでの学習を振り返った後、電気を安定して使うために、日本ではいろいろな発電方法の長所を組み合わせてバランスをとっていること、ベースロード電源があり火力発電が調整電源として使われていることを伝えた。

続いて、S+3Eの視点でエネルギーミックスに挑戦してみようと、「電力バランスゲーム～町に電気をとどけよう～」に取り組んだ。ゲームを通して、電力は同時同量となることが必要であることが、体感できたようだ。最初は、多過ぎたり少な過ぎたりと苦戦していたが、要領をつかむと、ベースロード電源と火力発電を上手に使ってクリアするようになった。感覚的ではあるが、エネルギーミックスの大切さは理解できたようであった。

最後に、これまで8時間の授業をワークシートにまとめ、本単元を終了した。

4. 実践の評価

(1) 成果

単元を通して、5つの発電方法について毎時間確認したため、全員がその概要を説明できるようになった。また、体験活動が多かったので、生徒は、たいへん集中して授業に取

り組むことができた。さらに、専門家との授業は、生徒にとっても新鮮で充実していた。何より最後の授業では、電力の需給イメージ図を説明した際、多くの生徒が、これまで学習してきた知識をいかした発言があり、8時間の授業の成果を感じることができた。

　授業者は、しっかりエネルギーの基礎の部分を理解し、これからの未来のことを考えられる有権者になってほしいと本単元を設定した。結果、この単元を通して、どの生徒も生き生きと授業に取り組み、新しい体験が生徒自身の学びにつながり、分かる喜びをどの生徒も感じることができた。

(2) 課題

　課題は、教材づくりとその準備に時間がかかることもある。また、学校の協力がなければ、これだけの単元計画は個人でできるものではない。

　特別支援学校としての特徴として、生徒がそろいにくいことである。個に応じた教育課程となっているため、同じ校時に全員がそろう機会が少ないのも課題である。

(3) まとめ

　学習指導要領では、地域、学校及び生徒の実態、学科の特色等に応じ、特色ある教育課程が編成できるよう「学校設定教科」を設けることができる。今回は、社会科における取組であったが、「学校設定教科」にエネルギー環境教育を位置づければ、教育課程編成の問題は解決できる。また、「学校設定教科」となれば、学校全体で取り組め、教材づくりや準備もチームで対応できる。さらには、持続可能な社会を考える機会となり、まさに社会に開かれた教育課程となる。ぜひ、参考にしていただきたい。

あ　と　が　き

　エネルギー環境教育関西ワークショップ研究会（以下、関西WS）は2000年に発足し、在籍者数は教育関係者を中心に約90名（2022年3月末現在）で、全国的に見ても大きな組織である。関西地域でのエネルギー環境教育の取組は、関西WSが中心的な役割を担っている。会員が参加する全体会を月に1回程度開催し、授業実践の報告、共有、意見交換や会員の知識向上のための講演等の活動を続けている。課題は、働き方改革の影響などもあり、新しい会員（若手）の加入が少ないことである。株式会社原子力安全システム研究所（以下、INSS）は、エネルギー環境教育の普及・啓発を重点的に取り組むテーマの一つとしていたこともあり、関西WSの立ち上げ以来その事務局を務めている。

　関西WSでは、2017年及び2021年に近畿2府4県と福井県の小・中・高等学校及び高等専門学校から抽出した約2,000校を対象に、エネルギー環境教育の実践状況についてアンケート調査を実施した。

　調査の結果からは、エネルギー環境教育の重要性についての理解が拡がり、関心も高まってきているが、一方では学校関係者の業務繁忙により、なかなかエネルギー環境教育の実践にまで手が届かないといった実態がわかってきている。このような状況のもと、学校関係者からは、外部団体からの支援に対するニーズが高く、出前授業、教材の提供、施設見学などが喜ばれる支援内容であることがわかった。このうち、教材の提供では、特にごく短時間の動画など、デジタルコンテンツに期待する声が多かった。

　エネルギー環境教育はSDGsやカーボンニュートラルといった地球規模の複雑な課題にも密接に関係しており、GIGAスクール構想・ICT教育とも親和性が高いことから、関西WSでは、上記アンケート調査の結果も踏まえ、本年度よりデジタル教材の開発・制作に着手している。

　前回4年前に本を出版してから、カーボンニュートラルやSDGsへの取組、新型コロナウイルスの影響、ウクライナ情勢の影響によるエネルギー需給の逼迫や価格高騰など、社会を取り巻く環境にも様々な動きがあった。

　新学習指導要領では、これからの社会が、どんなに変化して予測困難な時代になっても、子どもたち自ら課題を見つけ、自ら学び、自ら考え、判断して行動し、それぞれに思い描く幸せを実現してほしいと謳っている。エネルギー環境教育は、日本におけるエネルギー問題の顕在化と相まって、ますます重要性を増してきており、子どもたちが「生きる力」を育む絶好のテーマではないだろうか。

　そうした点からも、本書は何から始めればよいのか、どのように教科・教員間の連携を取ったのか、保護者や地域の反応はどうであったのかなど、これから学校あるいは地域全体でエネルギー環境教育に取り組もうとするときに役立つ、示唆に富んだ内容になってい

る。

　学校で学んでいる児童・生徒が、これから生きていくうえで、エネルギー環境問題は、日々の暮らしや仕事に密接に関連し、継続的に考えていかなくてはならない課題である。本書に載せられている実践事例は、日頃エネルギー環境教育に情熱を傾けている教員の努力の結果であり、学校として取り組んだ成果でもある。

　本書が少しでも多くの学校関係者の方々の目に触れ、エネルギー環境教育に取り組む学校がますます増えていくことを、そしてその取組の一助となることを願っている。

　最後に、関西WSを指導していただき、本書の執筆と編集をしていただいた京都教育大学の山下宏文教授、各章の実践事例を執筆していただいた教員の方々、関西WS会員として活動していただいた関係者の方々、歴代のエネルギー教育の推進事務局や様々な面でご協力いただいたNUMOなど関連機関関係者、関西電力株式会社関係者ならびにINSS関係者、出版を快諾いただいた国土社に厚く御礼を申しあげます。

　　　　　エネルギー環境教育関西ワークショップ　事務局
　　　　　　　株式会社原子力安全システム研究所　社会システム研究所　大 磯 眞 一

［編者紹介］

山下宏文（やましたひろぶみ）

京都教育大学教育学部教授

1957年生まれ　1982年東京学芸大学大学院教育学研究科修了

東京都の公立小学校教諭を経て1996年京都教育大学教育学部助教授 2002年教授

2011年から4年間 京都教育大学附属高等学校校長を併任

日本エネルギー環境教育学会副会長を経て同学会顧問

主な著書として、『学校の中での環境教育』『「資源・エネルギー・環境」学習の基礎.基本』『エネルギー環境教育の理論と実践』『エネルギー環境教育の学習用教材』『持続可能な社会のためのエネルギー環境教育』『教科学習におけるエネルギー環境教育の授業づくり』（共編著.以上国土社）、『エネルギー環境教育Q&Aワーク』（編著.明治図書）、『持続可能な社会をめざすエネルギー環境教育の実践』『持続可能な社会に必要な資質・能力を育むエネルギー環境教育』（編著，以上国土社）、『初めてのエネルギー環境教育』（共著，エネルギーフォーラム）などがある。

［執筆者一覧］（執筆順・所属は執筆時）

山下　宏文（京都教育大学教授）　　　　　　　　山本　照久（加古川市立加古川中学校校長）

大磯　眞一（原子力安全システム研究所主席研究員）　河野　卓也（大津市立石山中学校教頭）

平野　江美（奈良教育大学附属小学校教諭）　　　八日市律子（京都市立大淀中学校・京都市立二条中学校教諭）

平岡　信之（京都教育大学附属桃山小学校教諭）　竹澤　秀之（越前市花筐小学校教諭）

古澤　拓也（大分市立大在小学校主幹教諭）　　　新井　教之（京都教育大学附属高等学校教諭）

山野　元気（八尾市教育委員会事務局教育センター指導主事）　壷井　宏泰（兵庫県立舞子高等学校教諭）

北倉　祐治（福井市東安居小学校教頭）　　　　　冨ヶ原健介（鹿児島県立霧島高等学校教諭）

吉岡　　学（長岡京市立長岡第四小学校校長）　　坪内　善男（京都市立伏見工業高等学校定時制教諭）

**未来をつくる
エネルギー環境教育の実践**

2023年2月20日初版発行

編者／山下宏文

著者／エネルギー環境教育関西ワークショップ

制作／（株）原子力安全システム研究所

発行所／（株）国土社　℡101-0062　東京都千代田区駿河台2-5

☎03-6272-6125　FAX03-6272-6126

https://www.kokudosha.co.jp

印刷・製本／（株）厚徳社

ISBN978-4-337-75016-6　　C3037